책의 숲에서 만나는 하나님

서평의 샘에서 길어 올린 복음

책의 숲에서 만나는 하나님

서평의 샘에서 길어 올린 복음

초판 1쇄 발행 2023년 5월 10일
초판 2쇄 발행 2023년 6월 10일

글쓴이 방영민

펴낸이 박종현
펴낸곳 플랜터스
출판등록 2020년 4월 20일 제63호
주소 서울시 송파구 오금로 46길 41, 5층
전화 02-2043-7942   팩스 070-8224-7942
전자우편 books@planters.or.kr
홈페이지 plantersbooks.com

ISBN 979-11-970424-6-1 03230

플랜터스는 좋은 가치를 심습니다.

🌱 이 책은 자연을 사랑하는 마음으로 친환경 재생용지를 사용해 제작했습니다.

책의 숲에서 만나는 하나님

서평의 샘에서 길어 올린 복음

방영민 지음

Planters'

꾸준함과 성실함의 가치, 목회 현장에 대한 눈

✒ **김관성** _낮은담침례교회 담임목사

작심삼일이라는 말이 있듯이 어떤 일을 작심하고 그 일을 지속해서 하는 건 쉽지 않다. 저자 방영민 목사는 서평 쓰기 결심을 2016년부터 지금까지 지키고 있다. 그 결과물이 바로 이 책이다. 이런 꾸준함과 성실함만으로도 이 책은 가치가 있다. 이 책은 지역 교회 목회자가 '본질에 더 집중하고 더 깊게 뿌리내리기' 위해 분투한 흔적이다.

한편으로는 서평이 어떻게 책으로 출간될 수 있을까, 의아할 수 있을 것이다. 저자도 그런 고민을 했음을 볼 수 있다. 그러나 서평을 써 본 사람은 공감할 것이다. 한 편의 서평은 그냥 나오지 않는다. 서평은 재창조의 작업이고, 애쓰기의 흔적이고, 정성과 사랑의 결과물이기 때문이다.

저자는 250여 편 글 중 일부를 교회, 제자도, 설교, 하나님 나라, 시대와 사명, 예수의 십자가라는 여섯 가지 주제로 묶었다. 저자의 글은 현실의 이슈와 아픔과 문제와 눈물과 대안을 보여 준다. 시대와 목회 현장을 떠난 신학이 존재할 수 없듯이 신학 없이 시대와 목회 현장을 바라볼 수도 없다. 이런 의미에서 저자의 글은 신학과 시대와 목회 현장이 어우러진 글이라고 할 수 있다.

저자의 말처럼 '자신을 찾는 길이며 자기 성장(지성, 영성, 인격)의 지름길'을 원하고, '공동체적(가족적, 사회적)으로도 환대와 포용과 성숙으로 도약하'길 원하는 모든 독자에게 일독을 권한다. 신학과 시대와 목회 현장에 대한 눈이 열리고 본질에 더 집중하고 뿌리내리기 위한 귀한 시작이 될 것이라 확신한다.

이해력이 뛰어난 서평가가 주는 유익

✎ **김남준** _열린교회 담임목사

나는 내가 쓴 책에 대한 독자들의 평가나 리뷰를 거의 읽지 않는 편이다. 어느 해인가 《교회와 그리스도의 남은 고난》(생명의말씀사)에 대한 독자들의 리뷰를 우연히 접한 적이 있다. 읽기 쉽지 않은 책이었는데 한 독자의 리뷰가 내 눈길을 끌었고, 깊은 감동을 받았다. 그 책을 칭찬해 주었기 때문만은 아니다. 독자의 글에는 책에 대한 비평도 있었다. 오히려 책 전체를 꿰뚫어 보는 직관과 신학적 이해가 남달랐기에 기뻤다. 저자로서 자신의 책에 제대로 공감하는 한 독자를 만나는 것은 칭송만 하는 천 명의 팬을 만나는 것보다 보람 있지 않은가?

그때 내가 그 글쓴이에 대해 받은 인상은 성실하고 이해력이 뛰어난 독자라는 데 있다. 이제 그런 그가 저자가 되어 독자들을 위해 좋은 책들의 중매자가 되고자 한다. 독자들이 이 서평집을 통해 각 책의 논점과 가치를 이해한다면, 읽을 책을 선택하고 그 뜻을 바르게 파악하는 데 많은 도움을 받을 것이다.

목사로서 그리고 작가로서, 나는 이 시대의 그리스도인들에게 방영민 목사의 이 책을 기쁘게 추천한다.

신학적 사색이요 영적 대화인 서평

✎ **김영봉** _ 와싱톤사귐의교회 담임목사

나는 시간적 여유가 있을 때 페이스북에 올라오는 글들을 훑어보다가 눈길을 잡는 글을 발견하면 정독하곤 한다. 저자의 서평은 언제나 나의 눈길을 사로잡았다. 페이스북 포스팅치고는 꽤 긴 글이지만, 몰입해서 읽게 된다. 거기에는 여러 이유가 있겠으나, 책에 대한 그의 정성이 제일 중요한 이유라고 생각한다.

그의 서평에는 독자로서의 겸손한 태도와 저자에 대한 지극한 존경심이 느껴진다. 그 존경심은 저자의 약점을 지적하는 과정에서도 볼 수 있다. 그는 서평을 통해 자신을 드러내려 하지 않고, 무조건 칭찬하거나 비판하려 하지도 않는다. 최선을 다해 책을 읽고 소화한 다음, 정성을 다해 서평을 쓴다.

그 서평은 독자를 위한 것이기 이전에 그 자신을 위한 것이다. 스스로 밝힌 대로 그는 서평 쓰기를 자신의 영적 성장을 위한 훈련으로 받아들이고 있다. 그래서 이 서평집은 특별하다. 이것은 서평을 매개로 한 신학적 사색이요 영적 대화다. 서평가로서 그가 뽑아 제시한 추천 도서 목록도 귀하지만, 서평을 통해 그와 함께 영적, 신학적 사유에 젖는 것은 더없이 귀한 경험이 될 것이다.

소중한 가이드, 전채 요리

✎ **김재영** _제자목자회(Disciples Together) 대표,
전 International Theological Seminary 교수

드디어 방영민 목사가 페이스북에 심사숙고해 신중하게 써서 올린 서평이
묶여 책으로 나오게 되었습니다. 1부 교회, 2부 제자도, 3부 설교, 4부 하나
님 나라, 5부 시대와 사명 그리고 마지막 6부에 예수님의 십자가에 관해 쓴
서평을 소개하고 그 의미에 해당되는 책들로 네 권씩을 선정해 이 책에 담
았습니다.

총 24권에 대한 서평은 그동안 방 목사님이 소화하고 글로 써서 올린 귀
한 만찬입니다. 서평자는 자신만의 독특한 색을 가진 요리사가 되어 글을
써서 책들을 소개하되 그 글을 읽고 맛보는 독자들이 책의 진미를 맛깔스
럽게 경험할 수 있도록 순전하고 구미를 돋게 만드는 일종의 전채 요리상
입니다. 소개한 책 자체를 읽으며 맛보는 것은 본 요리 맛보기일 것입니다.

미식가이자 요리사인 저자는 이 책을 통해 여섯 종류에 속하는 24개의
전채 요리를 한 상에 올렸습니다. 이 요리들은 신앙인이자 목사이며 한 사
람의 신학하는 사람으로서 직접 뜯고 곱씹어 음미했기에 각 책의 묘미를
지루하지 않게 전해 주고 있습니다.

서평자와 신앙의 결을 같이하는 분들에게만 아니라 신앙과 교회와 구원
에 대해 호기심과 궁금함을 가진 많은 분에게 소중한 가이드가 되리라 믿
습니다. 일단 이 책을 집어 읽어 보시면서 서평자가 소개한 본 요리(main
dish 해당 책)를 꼭 읽어 보시면 큰 도움을 받으리라 생각합니다. 귀한 글들
이 묶여 출간됨을 축하드립니다.

책을 통해 발견하는 문제의 대응과 성경적 답

✎ **박성규** _부전교회 담임목사

사랑하는 방영민 목사는 제가 담임하는 부전교회에서 사역하고 있는 신실한 목사입니다. 그동안 애쓰고 수고한 글들이 한 권의 책으로 탄생하게 되어 매우 기쁘고 자랑스럽습니다. 저자는 치열하게 책을 읽었습니다. 그리고 치열하게 서평을 썼습니다. 그의 서평은 대부분 재독을 하고 쓴 것입니다. 한 권의 책을 읽기도 어려운데 매번 그 책을 여러 번 읽고 자신만의 글로 남겨 온 작업을 꾸준히 해 온 것만으로도 이 책은 충분한 가치가 있다고 생각합니다.

무엇보다 교회는 시대의 이슈와 문제와 아픔과 눈물과 함께해야 하는데, 저자는 서평을 통해 그런 작업을 지속해서 해오고 있습니다. 그리고 이번에 이렇게 아름다운 열매로 세상에 드러나게 된 것입니다. 서평집이라고 하지만 서평 이상의 가치를 지닌 책입니다. 글을 읽으며 귀한 교훈과 통찰을 얻을 수 있습니다. 모든 사건과 문제는 신학적인 대응과 성경적인 답이 필요한데 책을 통해 그러한 지식과 지혜를 발견할 수 있습니다.

그리고 저자가 소개한 '읽기와 쓰기'에 대한 생각도 유익합니다. '동기-읽기-쓰기-살기-후기'로 나누어 작성한 저자만의 생각은 독자들에게 유익을 주고 읽기와 쓰기에 충분한 도전을 줍니다. 저자는 지식을 습득하고 간직하기 위해서만 서평을 쓴 것이 아닙니다. 더 나은 삶을 살기 위해서 썼습니다. 이 책을 읽으면 더 나은 삶을 사는 데 도움이 될 것입니다. 책을 통해 교회가 시대와 함께해 왔다는 것을 알 수 있는데, 교회가 만물을 충만케 해야 한다는 사명을 글을 통해 확인할 수 있습니다. 이 귀한 사명으로 인도하고 독서와 서평에 도전을 주는 이 책을 독자들에게 적극 추천합니다.

책의 숲에서 만나는 하나님

✍ **박영돈**_고려신학대학원 교의학 명예교수, 작은목자들교회 담임목사

서평을 엮은 생소한 장르의 책이 어떤 특별한 의미가 있을지 궁금했다. 글을 읽으며 이 책은 단순한 서평 모음집을 뛰어넘는 작품임을 알게 되었다. 책을 쓰는 이는 자신의 모든 것을 그 책에 갈아 넣는다. 그런데 그 내용도 제대로 파악하지 않고 성의 없이 내깔리는 비평은 책의 가치와 저자의 노고를 짓밟는 것이다. 그와는 정반대로 저자는 온 정성과 마음을 다해 책을 읽고 자신을 다 갈아 넣듯이 각고의 노력을 기울여 서평을 쓴다. 한 문장을 쓰는 데 이틀이 걸리기도 했다고 한다.

그래서 그의 서평은 책을 빛내 주며 저자에게 큰 격려와 보람을 안겨 준다. 그런 점에서 그는 책을 살리고 빛내는 독자의 본이 된다. 정성껏 읽고 씀으로 살려낸 책이 이제 저자 자신을 살려내고 다른 이를 살리는 방편으로 승화한다. 저자는 무성한 책의 숲을 헤치고 다니며 발견한 지식의 샘에서 타는 듯이 목마른 영혼을 해갈하는 기쁨을 맛보며 생각의 지평을 확장하고 인격의 폭을 넓히는 영적 성숙의 열매를 맛본다. 책을 읽고 소화하여 서평을 쓰는 재창조의 작업이 결국 저자 자신의 재창조로 이어진 것이다.

그동안 저자를 그렇게 힘겨운 작업으로 몰아온 것은 무엇보다 하나님 나라를 위해 더 적합한 사역자가 되려는 열망이었다는 점이 우리 모두에게 큰 도전과 울림이 된다. 이 책은 단순히 독서의 안내만이 아니라 삶과 사역의 길잡이가 된다.

의식의 새로운 지평을 열어주는 서평

이상화 _ 서현교회 담임목사, 한국소그룹목회연구원 대표

평생 읽고, 쓰고, 말하는 것은 목사의 사명입니다. 그래서 어떻게 읽고, 어떻게 쓰고, 어떻게 읽고 쓴 것을 전달한 것인가에 대한 고민은 목사의 평생 고민입니다. '정곡을 찌르지 못하면 감동이 없다'는 말을 기억합니다. 그래서 항상 읽고, 쓰고, 말하는 것이 과연 평퍼짐한 진리의 나열이 아니고 정제되고 또 정제된 진리의 정수를 담고 있는가를 늘 돌아보려고 애쓰며 살아갑니다.

몇 년간 함께 같은 공동체에서 동역한 저자가 보내 준 글을 읽으면서 솔직히 많이 배웠습니다. 방대한 양을 담고 있는 한 권의 책을 압축해 책이 말하고자 하는 핵심을 이렇게 정리할 수 있구나 하는 것을 확인했습니다. 그뿐만 아니라 '서평은 책 한 권을 제대로 이해하고 소화하여 남기는 재창조의 작업'이라는 저자의 말대로 분명히 같은 책을 읽었는데도 저자의 사고체계를 통과해 나온 글들은 의식의 새로운 지평을 열어 주기에 충분했습니다.

시대 상황 속에서 항상 진리의 전달자가 되어야 하는 것이 목회자의 사명입니다. 저자는 이 사실을 분명하게 기억하고 '서평'이라는 독특한 형식을 통해 정곡을 찌르는 진리를 명료하게 전달하고 있습니다. 원고를 읽으면서 서평의 대상이 된 책의 원저자가 본문에 애써 문장으로 표현하지 않았지만 행간에 담긴 원저자의 의도까지 파악하여 창의적으로 표현한 저자의 깊이 읽기는 감동입니다. 스스로 글 감옥에 간히기를 자처하고 꾸준히 서평을 쓰는 저자의 남다른 헌신에 박수를 보내며 본서를 추천합니다.

서평가의 읽기와 쓰기가 주는 유익

이재근 _ 광신대학교 신학과 교회사 교수

한창 서평을 쓰던 때가 있었다. 어릴 때부터 책 읽기를 좋아해서, 다양한 분야의 책을 쉬지 않고 읽었다. 신학 공부를 시작한 대학 시절부터는 신학, 경건, 문학 서적을 중심으로 읽었다. 독서가 경험이 되고 습관이 되고 경력이 되니, 읽을수록 지식은 기하급수적으로 배가되었고, 읽는 동시에 비평하고 판단하는 능력도 향상됐다. 그러나 책장을 덮은 후 새로 읽는 책이 많아지면서 직전에 읽은 책의 내용도, 그 인상도 빠르게 사라져 버렸다.

어느 순간부터 다독보다는 정독, 속독보다는 심독으로 방식을 전환했다. 무엇보다도 짧게나마 읽은 책에 대한 인상, 독서로부터 얻은 것과 아쉬운 점을 기록으로 남겨 보관하는 습관을 만들기 시작했다. 그렇게 쓰기 시작한 서평으로 한 기독교 포탈의 서평 전문가로 활동하기도 했고, 서평 공모전에서 상을 타기도 했다. 되돌아보면, 오늘날 책을 쓰는 작가, 논문을 쓰는 연구자, 강의하는 교수, 말씀 전하는 설교자로서의 나를 만든 가장 중요한 계기는 어떻게든 서평을 쓰기로 작정한 그 결심이었다.

서평가 방영민의 길은 내가 걷는 길과 동일하다. 그는 수많은 책을 읽었음에도 책장을 덮은 후 순식간에 사라지는 기억 때문에, 아무런 설명도 못하는 자신을 반성하며 서평을 쓰기 시작했다고 한다. 그렇게 시작한 서평 쓰기가 서평가 방영민을 만들었고, 이제 작가 방영민을 탄생시켰다. 그가 프롤로그와 에필로그에서 기술한 자전적 이야기는 공부하는 학생, 설교하는 목회자, 가르치는 교사, 그리고 책을 읽는 독자가 모두 귀를 쫑긋 세우고 들어야 할 목소리다. 페이스북으로 읽은 그의 탁월한 다수의 서평이 분량 문제로 이 책에서 누락된 것은 매우 아쉽지만, 부록으로 실린 '서평가의 읽기와 쓰기'는 그 아쉬움을 넉넉히 만회하고 남을 선물이다.

그리스도인과 교회의 존재를 돌아보게 하는 내밀한 대화

✐ 최주훈 _중앙루터교회 담임목사

이따금 페이스북에 올라오는 방영민 목사님의 서평을 읽으면 다음 글은 언제 나올까 기대했습니다. 이 유익한 서평들이 여섯 가지 주제로 선별되어 한데 출간된다니 반갑기 그지없습니다. 저는 글을 기다리던 독자 중 한 명이지만, 여러 번의 기다림이 한 권의 책으로 나오게 되어 감사할 뿐입니다.

저자는 다양한 책을 읽으면서 가진 생각과 감정을 솔직하게 담아냅니다. 단순히 책 내용을 요약하거나 비판하는 것이 아니라, 책에 깃든 지혜의 오솔길을 천천히 걸어가며 감동과 통찰을 얻은 후 독자들에게 선물처럼 나눠 줍니다. 무엇보다 인상적인 건, 이 책에 담긴 내용이 우리에게 근본적인 질문으로 파고든다는 점입니다. 각각의 글은 짧은 서평으로 기술돼 있지만, 결코 짧지 않은 여운으로 이어집니다. 왜냐하면 저자가 책을 읽고 남긴 고민의 흔적들은 그리스도인과 교회의 존재를 깊이 돌아보도록 우리를 흔들어 깨우기 때문입니다.

이런 면에서 이 책은 독후감 모음집이 아니라 그리스도를 사랑하는 방영민 목사가 우리와 함께 나누고 싶은 '내밀한 대화'일 겁니다. 이 책을 읽고 나면 여기 담긴 책과 그 주제를 깊이 공부하고 다시 이야기하고픈 마음이 생길 것입니다. 이 책이 독자들에게 새로운 영감과 위로가 되기를 바랍니다.

자기 읽기, 교회 읽기, 세상 읽기의 독서 정석

한병수 교수 _전주대학교, 교의학

서평집은 책들의 책이라는 말처럼, 방영민 목사의 서평집《책의 숲에서 만나는 하나님》이 전달하는 독서의 포만감은 대단하다. 습관이 대가를 만든다는 독일 격언처럼, 저자는 수백 권의 책을 읽고 주제와 의미의 뼈를 발라내고 재구성한 후 자신의 감상을 덧붙여서 공유하는 서평을 장기간 꾸준히 써 전문 서평가로 입소문이 났다.

그러나 서평가 이전에 저자는 사색가다. 책을 읽으면서 그는 생각한다. 아니 대화한다. 때로는 텍스트와, 때로는 그 텍스트의 주어와 소통한다. 동시에 책의 맥락과도 교감한다. 나아가 책을 읽으며 나눈 대화의 내용 앞에 자신을 세우고 성찰한다. 자신이 속한 교회 공동체도 성찰한다. 현대 교회가 처한 시대도 성찰한다. 저자에게 독서는 책 읽기를 넘어 자기 읽기, 교회 읽기, 세상 읽기다. 이는 2차원의 평면에 문자의 형태로 암호화된 세계를 판독하고 서평을 하면서 다시 4차원의 시공간 세계로 복원하는 독서의 정석이다.

이 책은 여섯 가지 주제로, 주제마다 서론과 네 권의 서평으로 구성돼 있다. 각각의 주제를 여러 각도로 이해할 자료를 제공하는 동시에 그 주제에 대한 새로운 관점을 확립할 자극까지 꼼꼼하게 챙겨 준다. 이 책에 담긴 24권의 서평은 저자가 쓴 250여 권의 서평 중에서 엄선된 것이지만 나머지 서평들의 후속 출간도 응원하고 기대한다.

| SNS 한 줄 기대평 _____

🖉 Angela Shin
읽고 싶은 신앙 서적을 고를 때 방 목사님 글을 봅니다. 목사님 글을 페북에서만 봤는데, 책이 곧 나온다니 기대가 큽니다!

🖉 박혜인
글에서 느껴지는 성품이 아름다웠습니다. 책 제목에서도 그 향기가 나는 듯 전해져 귀하게 읽힐 것 같습니다.

🖉 이상훈
풍요 속의 빈곤이 딱 들어맞는 작금의 기독교 출판계에 좋은 책을 만나는 마중물 같은 역할을 하는 서평, 촌철살인의 여유까지.

🖉 김영희
요즘은 목사님의 서평을 읽고 책을 구해 볼 수 있어 참 든든했습니다. 영적 성장에 바른 길잡이가 되기를 앙망합니다.

🖉 Jin David Seo
방 목사님 서평 덕에 구매한 책이 한두 권이 아닙니다. 읽고 쓰고 소개하는 실력, 이 시대에 나누도록 하신 하나님의 선물입니다.

🖉 조영민
오랜 시간을 이렇게 한 방향으로 걸어가며 만들어 낸 독서와 쓰기의 결과! 기대하며 읽겠습니다.

🖉 윤미순
바쁜 사역에도 시간을 할애해 정성껏 읽고 리뷰를 올리시는 것을 몇 년간 접할 수 있었지요. 양보다 질이 중요하다고들 하지만 그 질도 양이 받쳐 주지 않으면 어렵다는 것을 알게 되었습니다.

✐ 이영철

평소에 주옥같은 방 목사님의 서평을 애독하면서, 이 좋은 내용이 책으로 나오면 좋겠다고 생각했는데, 반갑고 기대가 됩니다.

✐ Seong Cheol Lee

방대한 독서량을 자랑하는 방영민 목사님은 특히 신학 서적 분야의 뛰어난 서평가로 책 속에 담긴 복음을 길어내어 건네주십니다. 그 시원한 복음의 메시지를 읽을 수 있어 행복합니다.

✐ 이영인

늘 글에서 묻어나는 따스함과 부드러움이 이 서평집을 읽는 독자들에게도 전달될 겁니다.

✐ Seong Yong Cho

이 책이 사람이 가지 못하는 곳까지 나아가 귀한 복음의 도구로 쓰이길 원합니다.

✐ 김병학

관심 있는 분야와 생소한 분야의 책들을 잘 정리해 주셨습니다. 관심 있는 분야는 더 깊이 볼 수 있고, 생소한 분야는 새로워지는 서평이었습니다.

2016년부터 지금까지 책을 읽고 서평을 써왔다. 변함없이 꾸준하게 이 길을 걸어왔다는 것에 나 자신도 놀라게 된다. 이 작업을 시작하게 된 계기는 억울함 때문이었다. 열심히 한 권의 책을 서너 시간 읽었음에도 책장을 덮은 후 아무 설명도 못하는 나를 보며 '이것은 책을 읽은 게 아니다'는 결론을 내렸다. 그리고 다시는 이런 후회를 하지 않기 위해, 책의 마지막 장을 덮은 후 반드시 요약 또는 의견을 기록했다.

나의 서평은 인상비평[1]이 아니라 책의 숲으로 들어가는 산책이다. 숲에서 동지를 만나 반가워하고 때로는 원수도 만나 의견을 나누고 화해하는 과정도 있었다. 그 책의 장점과 특징, 역할과 전망까지 다루는 소개도 했다. 그러다 어느덧 이 분야에서 '서평가'라는 자

---

[1] 객관적이고 과학적인 기준이 아닌 주관적 인상을 바탕으로, 문학 작품을 직관적으로 비평하려고 하는 태도.

리에 이르게 되었다. 글을 작성하고 나면 여전히 부족한 점이 보이지만 그럼에도 누군가에게 길잡이가 되고 교회에 유익을 주기를 소망한다.

내가 서평을 쓰게 된 이유는 무식한 목사가 되지 않기 위해서다. 김남준 목사는 "지식 없는 목회자는 교회의 재앙이다"라는 말을 했다. 그 말씀에 나는 깊이 공감했다. 나의 부족함과 게으름으로 교회가 영양실조를 넘어 아사에 이를 수 있다는 두려움도 느꼈다. 그만큼 목회자는 하나님의 지식으로 가득하여 하나님 백성의 배를 채우고 갈 길을 보여주어야 한다.

목사로 부름받은 나는 교회에 온전한 말씀을 전하고 성도들에게 은혜와 유익을 주고자 충성의 일환으로 읽고 쓰는 작업을 했다. 강단에 서서 말씀을 전하고 클래스에서 강의하는 직분자로서 그에 걸맞은 전문성을 갖추어야 했다. 교회는 세상의 소리가 아니라 하나님의 음성을 들려주어야 하는 곳이기에 그 본질을 찾기 위해 홀로 엎드렸다. 하나님 앞에 부끄럽지 않게 분투하기를 경주하며 살아간다.

또 다른 이유는 목회자로서 본질에 충실하기 위해서다. 유진 피터슨은 "목회자가 일하는 공간을 '사무실'이라 하지 말고 '서재'라고 불러야 한다"고 했다. 현대 교회는 사무실에 익숙하고 서재는 어색하게 느껴진다. 목회자는 본래 읽고 쓰고 말하고 기도하는 자인데 기획하고 행정하고 기술에 능통한 기업가적인 이미지가 되었다(물론 이러한 은사를 부정하지는 않는다. 요긴하게 쓰임받을 수 있다). 몸은 교회에 있지만 본질적인 일과는 멀어져 본래의 자리를 떠나 있는 상황이 비일비재하다.

목회자로서 본질에 충성하지 못하면 교회에 나쁜 증상들이 나타난다. 교회가 진리로 건강하고 견고하게 세워져 가야하는데 쉽게 바람에 흔들린다. 목회자로서 본질에 더 집중하고 더 깊게 뿌리내리기 위해 지금까지 서평 쓰기를 멈추지 않았다. 그러다 보니 나의 부족함을 더 알게 되었고 더 노력하게 되었다. 교회와 목회자에 대한 고민이 더 깊어지고 치열해졌다. 하나님 앞에 온전해지고 싶은 마음이 이 서평을 통해 생기게 되었다.

지금까지 서평을 써오면서 서평이란 무엇이며 어떻게 쓰는 것인지에 관한 질문을 여러 번 받았다. 이원석 작가는 자신의 책에서 "서평은 독서의 완성"이라고 정의한다. 전적으로 공감하는 말이다. 나는 서평이란 "자신과 공동체와 인류를 성숙하게 하는 길"이라고 정의하고 싶다. 거창하게 들릴지 모르지만, 실제 서평은 이 모든 것을 포함한다. 서평을 통해 자기를 성찰하며 성장할 수 있고, 공동체적으로 가정과 교회가 더 따뜻한 공간이 될 수 있으며, 국가적으로 발전할 수 있는 씨앗이 될 수 있다.

반복해서 말하면 서평은 자신을 찾는 길이며 자기 성장(지성, 영성, 인격)의 지름길이다. 공동체적(가족적, 사회적)으로도 환대와 포용과 성숙으로 도약하는 방법이다. 국가적(사회적)으로도 인류를 향해 봉사하고 문명을 창조하고 지속해가는 토양이 된다. 이에 더하여 교회 안에 하나님의 참된 지식의 강이 흐르게 되면, 교회는 비로소 그리스도께서 통치하는 곳이 된다.

이 책에서는 그동안 써왔던 250여 편의 글 중에서 여섯 개의 주제로 나누어 글을 선별했다. '교회', '제자도', '설교', '하나님 나라', '시대와 사명', '예수의 십자가'다. 평소에 내가 쓰고 싶던 주제이기도 하고 지금 우리의 시대와 관심에도 부합한다는 생각에 나누게 되었다. 챕터별로 읽는다면 이 분야에 대한 지식과 통찰과 대안을 갖게 되리라 기대한다.

서평을 묶는 것이 어떻게 책이 될 수 있는지 의심할 수 있다. 나 자신도 처음에는 그런 생각이 들었다. 그러나 하나의 책으로 묶는 작업을 하면서 이것은 단권의 책 이상의 가치와 의미가 있다는 생각이 들었다. 서평은 단순 요약이 아니라 그 저자의 생각과 나의 생각이 동의하고 반대하고 타협하고 절충하는 대안이 되는 글쓰기다.

그런 핵심과 결과물을 모아 놓은 책이니, "지혜의 상자"로 기능해 주길 소망한다.

또한 책에 대한 책을 썼으니 상품성과 예술성이 떨어진다고 할 수도 있을 것이다. 그러나 작업을 하면서 여러 권의 창조물을 하나의 창조물로 엮었으니 또 다른 창조물이라는 특별함과 예술성이 전달되기를 기대한다. 서평에는 그 시대의 이슈와 아픔과 문제와 눈물과 대안이 들어 있다. 이 책을 접하는 독자에게 소중한 통찰과 유익을 주기를 기도한다.

2023년 봄
방영민

2부 제자도

3부 설교

4부 하나님 나라

5부 시대와 사명

6부 예수의 십자가

1부 교회

지금 교회의 좌표는 '인내의 발효'
라고 생각한다. 우리의 신앙과 사고
의 전환이 필요하다. 역사적으로
교회는 소수였는데, 그 소수는 힘
과 대형을 추구하는 소수가 아니라
하나님의 뜻이 여기에 이루어지는
것을 기도하는 소수였다. 세상의
작동 방식이 아니라 십자가의 원리
로 살아가는 성도였다.

교회는 소수였다

"한국 교회가 위기다"라는 말을 자주 듣는다. 교회가 코너에 몰린 상황이라는 말을 들을 때마다 경각심이 들지 않고 이제는 식상하기까지 하다. 그런 말을 그만하면 좋겠다는 생각이 든다. 누구나 알다시피 주일학교 학생 수가 줄고 있고, 장년들도 교회를 떠나고 있으며, 전체 교회의 수도 적어지고 있다. 그래서 강단에 서는 사람마다 회복과 부흥을 위해 간절하게 매달린다. 그러나 지금은 교회의 좌표를 정직하게 진단해야 할 시기다.

코로나19를 지나며 교회의 숨겨진 모습이 적나라하게 드러났다. 하나님께서 코로나를 통해 교회에 경고하신다는 생각이 든다. 이번 세계적인 재앙을 겪으며 우리 안의 이단과 사교 집단이 걸러졌지만, 교회의 비상식적인 모습과 비성경적인 모습 그리고 미신적이고 무속적인 면마저 드러났다. 이제 "교회는 본질로 돌아가야 한다"고 외치고 있다. 그러나 이 구호는 잘 지켜지지 않고 있으며 여전히 그 본질은 '더 크게 더 높이 더 많이' 등의 세속적인 사상에 머물러 있다.

교회는 역사적으로 늘 소수였다. 교회의 비전은 대형화와 권력화가 아니라 소수로서 하나님의 나라를 이루어 가는 것이다. 교회는 힘의 논리를 추구하고 세상의 권력을 얻기 위한 곳이 아니라 십자가의 정신을 추구하고 성경대로 살아갈 때 하나님이 주시는 권위를 지니는 곳이다. 그 권위로 예수님의 치유와 전파와 회복의 사역을 펼쳐 가는 곳이다. 교회는 존재론적 부흥을 통해 하나님 나라를 세워 가는 곳이다.

그동안 교회가 권력화와 대형화를 추구해 왔다는 것을 부인할 수 없다. 한국 사회의 경제성장과 더불어 교회 또한 성장제일주의의 길을 걸어왔다. 도시화와 산업화가 급속하게 이루어지면서 교회도 세속의 시류와 문화에 휩쓸리게 되었다. 교회가 시대의 사상과 흐름 속에서 동시대인을 품는 것은 당연하다. 그러나 그 시대와 사상 안에 있는 우상과 욕망을 보여 주어 그리스도의 유일성을 드러내야 하는데 오히려 동화되어 버렸다.

그래서 지금과 같은 교회의 모습이 되었고 급기야 사회가 오히려 교회를 걱정하는 상황이 되었다. 마치 요나서에서 배 안에 있던 선원들이 요나에게 네가 믿는 신에게 기도해 보라고 요청하는 것처럼 세상이 교회에게 교회다움을 갖춰달라고 부탁하고 있다. 얼마나 수치스럽고 부끄러운 모습인가. 교회가 세상을 걱정하고 위로해 주어야 하는데 세상이 교회에게 더 이상 곁길로 가지 말라고 요청하고 있다.

내가 볼 때 지금 교회의 좌표는 부흥을 갈구하기 전에 하나님 앞에서 우리를 새롭게 해달라고 깊이 신음할 때다. 많이 아파하고 오래 눈물 흘리며 병든 부위를 먼저 도려내야 한다. 코로나가 잠잠해졌다고 섣불리 회복을 외치며 전도를 강력하게 추진할 때가 아니다. 세상이 다 알 듯 지금 교회는 급격히 위축되고 있다. 그렇다면 교회는 성장기 때의 모습을 서둘러 갖추려 들지 말고, 본질적으로 교회가 늘 소수였다는 것을 기억하고 그에 합당한 모습을 갖추어야 한다.

그동안 교회는 사도행전 1~3장에 나오는 것처럼 모이는 교회에 집중해 왔다. 이제는 4장부터 나오는 고난받는 교회, 흩어지는 교회, 순교하는 교회, 복음 전하는 교회를 배워야 할 때다. 모여서 뜨겁게 기도하는 교회를 지나 이제는 각자가 자기 삶에서 예수의 증인으로 사는 법을 배워야 한다. 교회는 언제나 소수였고, 그 소수는 피라미드를 추구하지 않고 자기의 영역에서 하나님 나라를 이루었다.

본 챕터는 현대 교회의 모습을 진단하고 성경적인 교회의 모습을 제안하는 책들에 대한 서평을 담았다. 저자의 생각도 들어가 있고 내 생각과 느낌과 전망도 당연히 녹아 있다. 후에 나도 교회에 대한 책을 쓰길 소망하는데 이렇게 읽은 책들이 나의 교회론에 많은 영향을 끼쳤다. 아울러 여기에 모두 담지는 않았지만 다른 책들과 여러 신학자와 목회자에게 배운 메시지에도 감사하다.

앨런 크라이더의 《초기 교회와 인내의 발효》(IVP)라는 책이 있다. 그 책에서는 초대교회의 놀라운 성장은 때를 얻든지 못 얻든지 쉼이 없는 전도 때문이 아니라 핍박과 환란이 있는 어려운 시절에도 깊이 인내하는 신앙과 신앙의 하비투스(편집자 주: '제2의 본성'과 같은 것으로, 친숙한 사회 집단의 습속·습성 따위를 뜻하는 말)를 통해 교회가 성장했다고 한다. 즉, 교회는 소수였지만 그들은 변화된 내면으로 가정을 새롭게 하고 지역을 따뜻하게 하며 세상을 이롭게 했다.

지금 교회의 좌표는 '인내의 발효'라고 생각한다. 우리의 신앙과 사고에 전환이 필요하다. 역사적으로 교회는 소수였는데, 그 소수는 힘과 대형을 추구하는 소수가 아니라 하나님의 뜻이 여기에 이루어지는 것을 기도하는 소수였다. 세상의 작동 방식이 아니라 십자가의 원리로 살아가는 성도였다. 이 챕터를 통해 내가 원하는 교회, 세상이 원하는 교회가 아니라 하나님이 원하시는 교회가 무엇인지 함께 그려 가기를 소원한다.

참된 교회의 모습이 회복되기를 간절히 원하는 자들에게

《일그러진 한국 교회의 얼굴》, 박영돈, IVP

#교의학   #청사진   #교회의문제   #본질회복

교회의 정체성과 사명

교회마다 자기의 시대가 있다. 초대교회 때는 황제의 박해 아래 교회의 보편성과 거룩성의 문제로 어거스틴과 도나투스파의 논쟁이 있었고, 중세에는 로마 가톨릭과 개신교의 분리와 갈등이 있었다. 근대에 와서는 과학의 발달과 전쟁의 비참함을 겪으며 참 교회의 역할이 무엇인가? 하는 끊임없는 싸움이 있었다. 독일의 경우는 강력한 히틀러 권력 하에서 제국의 손을 잡을 것이냐 아니면 그들을 위한 강력한 나팔이 될 것이냐 등의 갈라짐도 있었다.

이렇듯 교회는 시대마다 자신의 정체성이 있고 사명이 있다. 교회는 세상과 담을 쌓을 수 없고 오히려 그 속에서 자신의 사명과 역할을 제대로 파악하고 바르게 수행해야 한다. 하나의 문화로 남을 것인지, 누군가의 수단과 도구가 될 것인지, 아니면 모든 것을 뛰어넘어 영적인 능력을 보여 주는 혁명적인 기관이 될 것인지, 그 시대의 교회가 지녀야 할 책임이 있다.

우리나라도 초기 기독교가 이 땅에 도착했을 때부터 수많은 시련과 문제를 이겨내야만 했다. 남존여비 의식, 조상 제사와 유교 사상이 강한 시대에 어떻게 교회가 본질을 유지하면서도 사회문제를 개선해 갈지 고민해야 했다. 선교 초기의 현실은 고통스러웠다. 일제 강점기와 공산당의 박해를 거치면서 교회의 사명은 무엇이고 어떻게 교회의 기능을 수행해야 할지는 목숨을 걸고 싸워야 했다.

근대에 와서 교회는 독재정권과 군사정부 시대를 겪으며 본질은 무엇이고 사명은 무엇인지 고민하며 말씀을 전했다. 잘못된 정권을 향해 화염병을 던지기보다 민주화를 위해 어떤 수고와 희생을 해야 하고 하나님의 비전이 무엇인지 선지자적인 메시지를 선포했고 가르쳤다. 반대로 독재와 손을 잡고 타협하는 일들도 있었다. 지금의 교회를 보면 전자보다는 후자가 더 많아 보인다. 어쨌든 교회는 역사적으로 그 시대가 어떠한지 인식하면서 저마다의 사명을 수행해 왔다.

저자 박영돈 목사는 《일그러진 성령의 얼굴》이라는 책을 쓴 후에 후속편으로 《아름다운 성령의 얼굴》이라는 이름으로 책을 쓰려고 했는데, 의도와 다르게 이 땅의 교회가 처한 현실을 보며 눈물과 고통과 비참한 마음으로 이 책을 썼다고 한다. 책 안에는 시대적 과제와 시대사상 앞에 교회는 본질을 잃어버리고 정체성도 변질하여 교회의 사명과 기능을 제대로 수행하지 못하는 일그러진 교회의 얼굴을 보고 통탄하는 심정이 담겨 있다. 나도 이 책을 읽고 서평을 어떻게 써나가야 할지 심각한 고민이 들 정도로 시대의 도전 앞에 무너진 교회의 모습이 처참하게 다가왔다.

저자는 우리나라가 산업 성장과 함께 "잘살아 보세"라는 구호로 화려한 성장의 가도를 달릴 때 교회 또한 십자가만 꽂으면 사람들이 몰려오는 성장기를 맞이했는데, 이때 교회가 잘못된 가치관과 세상의 정신에 지배당했다고 진단한다. 성공제일주의, 물질만능주의, 권력화의 시대사상을 교회가 복음으로 분별하고 복음의 정신과 가치관이 무엇인지 가르쳐 주는 게 아니라, 몰려오는 세상의 물결에 교회마저 압도당해 지금까지 황금 바벨탑을 자랑하듯 쌓아왔다고 안타까워한다.

오늘날 교회가 영적인 힘을 잃고 거룩함을 상실해 영적으로 무감각하고 무능력한 종교기관이 된 것은, 이런 시대적 사상과 과제 앞에 육신의 본능을 부추기는 사탄의 전략에 패배했다는 것이다. 교회는 세상이 어둠의 길을 갈 때 진리의 등대가 되어야 하는데 오히려 같이 어둠을 헤매었고 영적 병원이 되어야 하는데 오히려 병을 더 심하게 악화시키고 다른 병까지 전염시키는 전염병동까지 되었다. 영적 깨달음을 주는 학교가 되기는커녕 세속의 정신을 본능으로 수용하는 사육장이 되어버렸다.

현실 진단과 대안

이런 시대사상과 교회의 문제를 지적한 이 책은 총 7장으로 구성돼 있다. 1장에서는 교회가 자본주의 사회를 지배하는 성장제일주의, 물량주의, 힘의 논리에 포로가 되었다고 진단하며, 그리스도를 닮아가는 성장을 멈추고 외적 성장만을 추구한 우리의 문제를 심도 있게 분석한다. 2장에서는 무너진 현장에서 새로운 가치관으로 목사와 교회가 다시 시작해야 한다고 역설한다. 또한 외적 성장 대신 내적 성장이라는 새로운 패러다임으로의 전환을 촉구한다.

3장은 교회에 대한 저자의 새로운 청사진으로서 구약에서 성막의 기구로 등장하는 진설병 상과 등잔과 분향단을 제시한다. 저자는 교회가 하나님의 말씀과 성령이 충만해야 하고 기도가 살아 있으며 향기로운 제단이 되어야 한다고 강하게 주장한다. 아울러 에

스겔에 나오는 성전에서 솟아나는 그 물이 흘러 대지를 적시고 만물을 살게 하듯 하나님의 교회가 그렇게 세상을 치유해 가는 그림을 그려 낸다.

4장은 이 심각한 일이 목사의 문제이자 해답이라는 주제의 내용이다. 저자는 온갖 추문에 연루된 교계 목사의 죄를 지적하고 세상 정치판보다 더러워진 교계 제도의 정곡을 찌른다. 아울러 목사가 먼저 하늘 영광에 비전을 둔 사람으로 거듭나기를 촉구하고 있다. 5장에서는 한국 교회의 설교를 비판한다. 정용섭 목사의 책을 근거로 저자는 더 심도 있게 한국 교회 설교의 문제점을 언급하며 근본적으로 강단이 반드시 살아야 교회의 생명력이 회복한다고 주장한다.

6장에서는 아름다운 성령이 나타나는 설교가 회복되어야 한다고 말하며, 설교자가 성령의 능력으로 충만하여 하늘의 권세를 힘입어야 한다고 권면한다. 7장에서는 '월요일 아침의 강단'이라는 주제로 일상의 영성 회복을 주장한다. 성도들이 생활의 강단에서 성령의 능력으로 살아 성도의 참모습을 보여 주고 교회의 영광을 보여 주어야 한다는 것이다. 아울러 성령 충만이란 일상에서의 도피가 아니라 모든 평범한 것들에 거룩한 의미와 가치가 부여되는 것이라고 정의한다.

저자가 언급한 한국 교회의 문제점은 의식 있는 그리스도인이라면 어느 정도 알고 고민해 온 것이다. 이외에도 한국 교회의 개혁을 위한 문제점은 수두룩하다. 교회의 신학적 빈곤, 값싼 구원론, 교회 안의 반지성주의, 무속적이고 상업적인 성령 운동, 쇼로 변질된 예배, 권력 세습, 여성 성차별, 구약적 사고방식과 문자주의, 교회의 불투명성 등 다양한 문제를 지적할 수 있고, 이는 교회의 개혁과 회복을 위해 반드시 개선해야 할 문제들이다.

성장이 이끄는 교회, 설교의 문제

저자는 책에서 두 가지를 강조하는데 하나는 성장 중심 패러다임에 근거한 대형 교회의 문제다. 자신의 경험을 근거로 하여 이를 신학적으로 목회적으로 진단한다. 교회는 세속에 물들어서 성령이 이끄는 교회가 아니라 성장이 이끄는 교회가 되었고, 무한대까지 성장하고 끊임없이 자라야 한다는 이상한 논리에 사로잡혔다. 우리의 성장 목표는 내적 성장이고 영적 열매이어야 하는데 그런 본질은 버리고 자본주의 체제 하의 기업 같은 모습으로 교회가 변질되었다.

교회의 대형화로 인해 성령의 교제가 없는 말씀 선포가 이루어지고 주님의 임재가 느껴지지 않는 성찬공동체가 횡행한다. 그리스도는 몸이고 우리는 그 몸의 지체인데 교회가 이런 유기체성을 잃고 변질해 갔다. 중심을 잃으니 지나친 사회문화 친화적인 교회로서 세상의 가치를 사랑하는 단체의 냄새마저 나며 돈과 권력이 과도하게 집중돼 부패 가능성이 많아졌다. 그래서 저자는 대형 교회를 우리가 세속화를 따라간 결과물로 명시한다.

또 다른 하나는 설교의 문제이다. 저자는 그동안 강단이 너무 세속화되어 하나님의 진리의 빛이 사라졌다고 한다. 그리고 여러 유명 목사의 사례를 들며 반쪽짜리 복음에다 값싼 구원과 하나님의 진리가 축소된 메시지를 전하고 있다고 진단한다. 말씀에 깊이 들어가지 못하고 변죽만 울리는 설교로 성도의 영혼에 살과 근육이 붙지 못하고, 빈약한 내용에 선동적인 전달 방식으로 속이 빈 설교도 문제라고 지적한다.

그래서 저자는 설교자가 먼저 철저히 무너지고 회개하여 성령 충만하라고 권면한다. 설교가 자신이 먼저 십자가 앞에서 영적 절망을 경험하고 세상의 기준이 아니라 약하고 두려워 떠는 심정으로 오직 십자가의 자기 부인과 거룩을 선포하라고 한다. 또한 설교자의 메시지에 교회의 사활이 걸려 있고 영혼의 생명이 달렸으니, 설교자는 성경과 신학에 충실하고 성령님의 능력을 덧입으라고 재차 강조한다.

교회는 영적으로 거듭나는 곳이다. 심령이 변화되는 곳이다. 교회에 이런 거룩한 능력이 없다면 본질이 무너진 것이고 기능도 상실된 것이다. 교회는 문화 기관이 아니고 친교 단체도 아니며 기업일리 만무하다. 교회는 오직 영적 기관이다. 그러나 이런 교회가 경제만능주의와 성장제일주의 즉, 성공과 번영의 복음으로 타락했다. 초대교회가 로마의 국교화 이후 순수하고 거룩한 신앙을 잃어버렸듯이 한국 교회도 성장과 번영의 가치관으로 복음의 순수함은 사라지고 교회는 변질되었다.

 겉으로 보면 교회가 경제화와 함께 성장한 것처럼 보이나 속은 병들고 부패했다. 예수님의 정신을 따르는 참 성도는 없어지고 바알을 추종하는 신도가 늘고 있고 귀족 종교가 되었다. 공교회에 대한 신앙고백은 사라지고 성장만을 꿈꾸는 개교회주의가 만연한다. 신령한 생명력과 거룩한 향기는 사라지고, 죽음이 엄습하며 맘몬의 냄새가 가득해지고 있다. 이처럼 성공주의 패러다임은 교회를 변질시켰고, 바이러스와 함께 많은 문제를 터트렸다. 우리 교회 속 깊이 뿌리 박힌 문제를 해결하고 참된 교회로 거듭나기를 간절히 원하는 독자들에게 이 책을 권한다.

《교회와 하나님의 사랑》, 김남준, 익투스

#교제 #사랑의일치 #교통 #교회의기원 #교회를향한사랑

사랑의 일치, 진리의 일치

교회는 무엇으로 하나 됨을 이루어야 하는가? 세상은 학연과 지연과 혈연 등으로 하나 됨을 자랑하고 끈끈한 관계를 유지한다. 그러나 교회는 혈연공동체도 아니고 공통의 관심사로 모이는 곳도 아니다. 교회라는 특별한 곳은 너와 내가 뜻을 합하여 세우고자 해서 만들어지는 것도 아니며 서로의 수준 높은 삶을 위해 생겨난 곳도 아니다. 반드시 무엇인가 일치되어야 교회 됨을 보여 줄 수 있다. 사람들은 그것을 세상의 관점으로 이해하고 심지어 교회에 속해 있는 사람들조차 바르게 인식하지 못하는 경우가 있다.

이 책에서는 교회가 이루어야 할 분명한 일치를 사랑의 일치와 진리의 일치로 설명한다. 교회는 세상에서 좋은 평가를 받기 위해 존재하는 것이 아니다. 사회를 개혁하고 세상을 변혁하기 위한 목적으로 설립된 단체도 아니다. 물론 교회를 통해 사회가 새로워지고 잘못된 질서를 바로잡아야 한다. 이는 세상을 행복한 곳으로 바꾸는 역할을 한다. 그 결과 세상으로부터 칭찬과 존경을 받는다. 그러나 교회는 이것만을 위해 존재하는 것이 아니다. 이러한 결과는 교회의 머리 되신 그리스도를 깊이 사랑할 때 나타나는 삶의 열매이다.

그래서 교회는 무엇보다 그리스도를 사랑하는 것에 일치를 이루어야 한다. 교회는 신자 혼자만의 사랑으로 이루어지지 않는다. 한 영혼이 변화되어 보편적인 그리스도의 몸에 접붙여질 때 그는 이미 그 몸의 지체된 자들과 동일한 사랑으로 연합된다. 주님께서 생명을 다해 우리를 사랑하신 것을 기억하며 그 사랑으로 서로를 섬기며 교회를 세워간다. 성경적 가치를 향한 걸음에는 희생이 뒤따르기도 한다. 그때 교회는 사랑의 일치라는 고귀함을 드러내 아름다운 조화를 이루어낸다. 각자의 사랑이 그리스도를 향한 사랑으로 일치가 되어 아름다운 섬김으로 드려진다.

또한 교회는 진리로 변화되는 것에 일치를 이루어야 한다. 교회는 사랑한다고만 되는 것이 아니다. 영적인 변화를 경험해야 한다. 성령님의 역사 가운데 진리에 대한 깨달음으로 지정의가 새로워져야 한다. 하나님에 대한 감각을 가진 자만이 존재의 질서와 가치를 그리스도께만 둘 수 있다. 그래야 머리 되신 그리스도께 순종하고 몸 된 교회를 바르게 세워갈 수 있다. 진리로 깨어지지 못하면 교회를 세울 수 없다. 사랑의 일치가 살을 풍성하게 하는 것이라면 진리의 일치는 교회를 세우는 든든한 뼈대라고 할 수 있다.

'토투스 크리스투스' 교리

이 책의 큰 특징은 '토투스 크리스투스' 교리에 있다. 이미 이레나시우스와 테르툴리아누스 그리고 아타나시우스와 아우구스티누스 같은 교부들을 통해 나온 주제인데 저자는 이것을 우리 시대에 맞게 해석해 소개한다. 존 오웬의 교리와 청교도의 어렵고 깊은 주제를 한국 교회의 정서와 상황에 맞게 소개해 준 저자의 탁월함이 이 교리의 소개에서도 빛난다.

나는 이 교리를 보며 오늘날 한국 교회가 가진 약점과 문제를 해결할 길이 보였고, 그것이 이를 위한 신학적 근거가 될 수 있다고 보았다. 저자가 한국 교회가 가진 문제를 해결하기 위해 이 교리를 제시한 것인지는 모르겠으나, 내가 추측할 때 저자는 이 교리야말로 요즘 편협하고 독단적이고 배타적인 기독교를 바르게 치료할 가르침이라고 생각한 것 같다. 다른 이들은 기독교가 혐오적이고 배타적으로 받아들여지는 것이 복음에 대한 편협한 이해와 좁은 식견, 하나님 나라에 대한 육적인 이해 등으로 설명하는데, 저자는 이를 교회론으로 해소하려 한 것이 이 책의 중요한 특징이다.

토투스 크리스투스 교리는 눈에 보이는 교회의 모든 지체를 그리스도의 몸으로 여긴다는 것이다. 주지하다시피 교회 안에는 이미 중생과 회심을 통해 그리스도께 영원히 접붙여진 하나님의 백성이 있다. 그러나 교회 안에는 신실한 그리스도인보다는 믿음의 고백에도 불구하고 여전히 하나님의 백성과 상관없는 자들이 더 많다. 신자와 비신자가 공존하고 심지어 그리스도를 반대하는 불신자도 속해 있다. 이 교리는 교회에 속해 있는 모든 사람이 종말에는 구분이 되겠지만, 그전까지는 그리스도의 사랑으로 동일하게 품어야 함을 강조한다.

이 교리는 철저히 성경을 따르고 있는데, 알곡과 가라지의 비유와 그물의 비유로 설명된다. 지상교회는 여러 물고기가 낚이는 그물과 같고 알곡과 가라지가 함께 자라는 밭과 같다는 것이다. 부정한 짐승과 정한 짐승이 함께 타고 있는 노아의 방주는 이미 불신자와 신자가 혼합되어 있는 교회를 예표한다. 그래서 교회 안에 들어온 사람 중에는 보편 교회와 함께 들어온 자들도 있지만, 보이는 교회에는 들어왔으나 보이지 않는 교회에는 들어오지 못한 자들이 있으니, 심지어 배교자가 있더라도 주님과 한 몸을 이룬 것으로 간주하고 사랑해야 한다는 것이다.

예수님도 울타리 안에 들어오지 않은 양을 걱정하고 사랑하셨고, 가룟 유다에게도 자신의 살과 피를 내어주며 사랑하셨다. 이러한 주님의 삶은 우리가 따라야 할 사랑의 삶이 어떤 것인지 분명히 보여 준다. 지역 교회에 속한 사람을 사랑하는 것은 물론이거니와 교회 밖에 있는 사람들까지 동일한 마음으로 사랑해야 한다. 실로 이 주님의 사랑을 깨달아 실천할 때 우리는 기독교의 참모습을 회복할 수 있다. 이 교리는 이를 위한 충분한 근거가 된다.

교회는 재창조의 완성을 위한 씨앗

교회의 시작과 기원은 어디인가? 어떤 사람은 오순절 하나님의 성령이 마가의 다락방에 임했을 때를 말한다. 물론 이때를 신약 교회의 제도적 탄생으로 본다. 그러나 교회의 기원은 궁극적으로 영원 전에 삼위 하나님의 협약으로 거슬러 올라간다. 교회의 본질은 삼위 하나님의 사랑의 교통이다. 그 사랑의 교제와 교통이 교회의 모상이 된다. 교회는 삼위의 사랑의 분여이고 그 사랑을 실천하는 공동체다.

세상을 처음 창조하셨을 때 하나님은 삼위의 사랑이 실현되는 사랑의 사회를 계획하셨다. 그러나 아담의 죄로 이 질서는 깨졌고 사랑은 조각 나서 모든 관계가 파괴되었다. 하나님의 창조 목적을 회복하기 위해서는 구속이 필요했다. 그래서 하나님은 인류의 재창조를 위해 인간을 구원하셨다. 예수 그리스도를 이 땅에 보내 하나님 나라를 실현하고 원래의 목적대로 돌아가고자 하신 것이다.

그리스도께서는 구속을 통해 교회를 세우시고 원래의 목적을 수행하셨다. 구속의 목적은 인류가 처음 상태로 돌아가는 것이 아니라 창조의 목적으로 돌아가는 것이다. 하나님을 영화롭게 하고 하나님의 영광을 드러내는 것이다. 그래서 그리스도를 머리로 하는 교회는 처음 창조를 넘어 재창조를 향한 하나님의 씨앗이고, 처음 계획한 사랑의 사회를 실현해 가는 곳이다. 교회는 종말에 이르기까지 하나님 나라를 보여 주는 이상적인 공동체가 되어야 하고, 사랑의 사회를 이루어가는 모델이 되어야 한다.

교회의 아름다움은 건물의 크기와 화려함에 있지 않다. 교회의 아름다움은 교회가 하나님과 맺고 있는 관계에 있다. 머리 되신 그리스도께 순종함으로 그분이 이 땅에서 이루신 일을 교회는 수행해야 하고, 이는 사랑의 열매로 나타내야 한다. 그 사랑은 차별하지 않고 시기하지 않으며 창조의 목적을 향해 나아가는 주님의 가르침대로 행해져야 한다. 이러한 사랑으로 교회는 성장하고 확장되며 하나님 나라를 보여 주는 이정표로 기능한다.

　교회의 확장은 건물이 커지고 사람이 많아지는 것이 아니다. 교회의 확장은 사랑의 확장이다. 우리는 예수 그리스도께서 이 땅에 오심으로 시작된 하나님 나라와 다시 오실 나라 사이에서 주님이 어떻게 사랑하고 섬겼는지 기억해야 한다. 그분은 차별 없이 모든 존재를 인격적으로 대해 주셨다. 오늘날 우리가 교회를 향한 하나님의 사랑을 회복한다면 교회의 존재는 더욱 빛나고 하나님께는 큰 영광이 되지 않을까.

《유배된 교회》, 리 비치 글, 김광남 옮김, 새물결플러스

#교회는어떤곳인가   #거룩   #유배신학   #교회의희망

정체성과 본질을 잃은 교회

교회가 그리스에 가서는 철학이 되고, 로마에 가서는 제도가 되고, 유럽에 가서는 문화가 되고, 미국에 가서는 기업이 되고, 한국에 와서는 대기업이 되었다는 말이 있다. 현대 교회를 정확히 진단한 표현이라고 생각한다. 예수님을 그리스도로 인정하고 삶의 주인으로 모신 작은 공동체로 시작한 교회가 오늘에 이르렀다. 지금의 교회가 과연 성경에서 말씀하는 교회이고 예수님이 피를 흘리며 세우신 교회일까?

우리는 세습을 하지 않겠다던 한 대형 교회가 결국은 교회법을 흩트리며 무리하게 세습하는 장면을 보았다. 한국의 근대화와 기독교는 불가분의 관계다. 오늘날 교회에는 도대체 무슨 일이 일어나고 있는가. 교회는 이 땅에서 하나님 나라를 보여 주는 종말론적인 공동체로, 예수님이 이 땅에서 행하신 사역을 이어가는 사명 공동체다. 교회는 그리스도가 주인이 되는 곳이고 하늘 소망을 품고 살아가는 사람들이 모인 곳이다.

그러나 우리 근대사에서 교회는 세상에서 출세하고 성공하는 도구로 전락해 갔다. 더구나 교회가 국가 권력과 손잡고 권력 집단이 되었을 때는 지상 왕국을 이루는 것이 목표와 사명인 것처럼 내비쳤다. 교회가 할 일은 분명히 정해져 있는데도 교회의 정체성과 본질을 잃어버리니 땅에서의 행복과 꿈을 이루어 주는 세속 집단이 된 것이다.

복음의 오해

이 책은 크리스텐덤(편집자 주: 기독교가 법과 정치, 사회적 이념과 관습 및 문화를 지배하는 사회이자 국가가 기독교의 교리 및 예배와 선교를 지지해 주는 것) 이후를 살아가는 교회와 성도에게 교회가 무엇인지 성경적으로 보여 준다. 저자는 교회가 더 이상 이 세상을 지배하거나 사회의 주류가 아니라고 한다.

우리의 근현대사에서 기독교는 주류를 차지했다. 국가의 경제성장
은 교회의 성장으로 이어졌고 "우리도 한번 잘살아 보세" 하고 외친
구호는 "우리 교회도 한번 크게 부흥해 보세"라는 성장제일주의의
구호로 이어졌다. 그리고 그것은 현실이 되었다.

이런 나라의 발전과 흐름에서 교회가 한 역할은 우리를 반성하게
한다. 경제가 성장하고 발전할수록 교회의 복음은 왜곡되어 사회의
구원과 회복을 위한 제 역할을 못 해냈다. 또한 사회구조가 계층화
되고 극심한 빈부 차이가 발생해 사회약자가 고통받는 불균형이 이
루어져도 교회는 침묵했다. 교회는 이런 양극화를 막지는 못할망정
자극제가 되었고 인권과 복지와 정치와 경제의 사각지대에 예수의
정신을 발휘하지 못했다.

근대사에서 주류였고 지배적인 위치였지만 복음에 대한 오해와
기독교의 잘못된 목표 때문에 오늘날 교회는 쇠락하고 쇠퇴했다.
어쩌면 처음부터 현대 교회가 사회에서 주류와 기득권이 되려고 했
던 것이 잘못된 설정이라 생각한다. 저자는 이 책을 통해 교회는 더
이상 사회를 지배하고 지휘하는 곳이 아님을 지적하고, 교회의 정
체성이 무엇인지 성경을 통해 생생하게 보여 준다.

저자는 성경에서 '유배'라는 개념을 가져온다. 과거 이스라엘 백성들은 고향을 빼앗겨 바벨론에서 살았다. 더 앞으로 가면 아담과 하와가 에덴에서 추방당하여 유배의 삶을 살았다. 또한 그는 에스더, 다니엘, 요나, 예수님과 초기 교회와 베드로전서를 통해 유배신학을 이끌어 낸다. 따라서 그는 교회의 본질이 유배라고 정의한다. 교회는 본질적으로 종말을 향해 살아가고, 성도는 나그네이기 때문이다.

유배된 교회는 기회

저자의 성경해석과 주해는 우리가 유배신학을 정립하고 교회의 정체성을 회복하는 데 큰 도움을 준다. 그래서 나는 각 장을 요약하고 정리하기보다 책을 통해 깨달은 바를 세 가지로 정리하고자 한다. 첫째, 유배된 교회는 기회다. 예레미야의 예언과 탄식과 눈물에서 볼 수 있듯이 성전이 무너지고 왕권이 사라지며 이스라엘은 주권을 상실했다. 그리고 바벨론이라는 세속 국가 밑에서 자신의 신앙을 이어가며 메시아를 갈망했다.

다니엘은 바벨론과 페르시아를 거치며 왕이 바뀌는 경험을 했다. 세속 국가에서는 나라를 잃었지만, 하나님의 예언을 선언하고 메시아가 다스리는 나라를 꿈꾸며 자신의 존재를 이어간다. 베드로의 편지를 받는 수신자들 역시 주권은 상실했지만 로마라는 거대한 제국 밑에서 나그네의 삶을 살며, 방주가 마른 땅에 설 때까지 달려간다. 즉, 성경은 이스라엘과 교회가 세속 국가 밑에서 끊임없이 생명을 이어왔고, 지금도 살아가고 있다고 우리에게 알려 준다.

그러나 그 거대한 바벨론과 제국 밑에서 사는 것이 끝이 아니다. 오히려 성경은 유배된 상황이 하나님 나라를 상상하고 하나님의 뜻을 이루는 기회라고 가르쳐 준다. 선지자들은 유배 속에서의 변화와 회복과 비전을 노래했다. 나라는 이미 무너져 상실했지만 그 아픔 속에서도 하나님의 언약이 씨앗이 되어 열매 맺었다. 다 빼앗긴 것 같고 모두 망가진 것 같아도 거기서부터 새로운 싹이 솟아나는 기회가 주어졌다.

유배된 교회는 기회다. 현대 교회도 마찬가지다. 주류에서 밀려나고 이제는 손가락질당하고 지탄의 대상이 되었지만, 오히려 이를 통해 나그네요 거류민으로서의 우리의 정체성을 찾아가고 있다. 명예와 권력과 부를 잃어버리고 교회는 세속으로부터 소외되었다. 오히려 우리는 유배에 한걸음 가까워졌다. 그래서 다시 회복을 향해 걷는 유배처럼 오늘날 다시 교회의 모습을 회복하는 기회이기를 바란다.

둘째, 유배된 교회는 거룩해야 한다. 저자는 이것이 유배지에서 교회와 성도가 살아갈 목표이며 자세라고 한다. 거대한 바벨론 밑에서도 하나님을 향한 신앙과 거룩을 유지한 이스라엘처럼 교회는 하나님의 임재 속에서 거룩한 관계성을 꾸준히 유지해야 한다. 여러 모함과 위기 앞에서도 신앙의 절개를 지킨 다니엘처럼 교회는 사상적 압박과 여러 미혹이 있어도 올곧은 믿음을 품고 있어야 한다.

황제숭배가 지배한 로마 치하에서 사자의 밥이 되어도 인간 횃불이 되어도 죽음으로 오히려 승리하며 어린 양을 따라간 거룩한 성도를 기억해야 한다. 교회는 세상의 길이 아니라 하나님의 길을 따라야 하고, 세상의 성공이 아니라 신앙의 성공을 선택해야 한다. 거룩은 교회의 특징이고 성도가 나타내야 할 표지다. 그러나 거룩은 세상과의 단절이 아니다. 단지 다른 방식과 다른 기준과 다른 가치관을 가지고 살아가는 것이다.

현대 교회는 자신이 유배지에 살고 있고 성도는 거류하고 있다는 정체성을 기억하고 거룩함을 지켜내야 한다. 세속과는 다른 길을 택해야 한다. 주님이 지시하신 손가락을 기억한다면 교회의 거룩은 드러날 것이다. 무엇보다 어린 양의 죽음을 실천하시며 스스로를 십자가에 내어주신 주님의 모습은 가장 귀한 거룩의 모범이다.

셋째, 유배된 교회는 낮은 곳을 향하고 신분이 변하는 곳이다. 유배된 삶을 사는 이스라엘에게 선지자가 전한 말씀은, 공평한 추를 사용하고 차별하지 말고 약한 자와 소외된 자와 가난한 자를 돌보라는 것이었다. 나아가 단순히 돕는 것을 넘어 형제와 자매요, 한 공동체로 회복하라는 깊은 의미가 담겨 있다. 사회에서 무시당하고 무너진 자를 유배된 교회는 받아들이고 다시 살려내야 한다. 유배된 교회에 주어진 고귀한 사명이다.

베드로는 유배된 교회에게 편지를 보내며 단지 재산과 노동력으로 여겨지던 노예에 대해 주인보다 더 많은 권면을 한다. 또한 당시에는 남편보다 열등하고 종속적인 존재인 아내에게 더 많은 권면을 한다. 이는 단순히 노예의 인권을 존중하고 여성을 인정하는 것 이상의 메시지를 함의한다. 하나님의 구원을 받고 내가 속한 곳에 도덕적 영적 변화를 이루어 구원을 회복해 가는 주체가 지위에 상관없이 썩지 않는 말씀의 씨앗을 받아 그리스도를 따르는 사람들이라는 것이다. 이는 당시의 가치관을 뒤엎는 혁명적인 말씀이다.

하나님은 세상에서 가장 초라한 자라도 그에게 심은 말씀을 통해 영혼의 구원을 허락하신다. 또한 그 사회에서 가장 약한 자라도 순결한 꽃을 피우는 말씀의 씨앗을 가진 자들을 통해 회복을 이루어

가신다. 그 영원한 말씀을 가진 자가 믿음 위에 거룩한 인생을 지을 수 있고 제사장의 삶을 살 수 있으며 고난의 길도 기쁨으로 걸어갈 수 있다. 그 생명의 말씀을 품은 자가 어둠 속에서도 참된 빛과 구원을 볼 수 있다. 교회는 바로 그런 신분의 변화가 일어나는 소망의 장소다.

교회는 예수님의 사역을 펼쳐 가는 곳

오늘날 현대 교회는 우리의 위치를 분명히 알아야 한다. 우리의 교회가 지난 근대사와 동일한 가치관을 가지고 살아간다면 더 이상 소망은 없다. 계속하여 교회가 사회의 주류가 되려 하고 세상을 지배하려는 방식으로 운영해 간다면 세상은 교회에 아무런 기대를 하지 않을 것이다. 교회의 목표는 자신의 세력과 영역을 넓혀 가는 것이 아니다. 기독교의 비전은 이 땅에서 제국과 왕국을 건설하는 것이 아니다.

예수께서 이 땅에서 하나님 나라를 이루어 가신 모습은 높은 위치에 올라 위에서 아래로 흐르는 낙수 효과도 고지론도 아니며 권력의 핵심부에 들어가는 것도 아니다. 주님은 만나는 영혼들에 말씀과 치유를 통한 존재의 변화를 통해 하나님의 나라를 이루어 가셨다. 그들의 눈물과 아픔과 고난에 직접 뛰어 들어가 그들의 상처를 만지시고 마음을 얻으셨고 영혼을 새롭게 해주셨다. 이것이 하나님 나라를 이루는 방법이었다.

하나님은 이 땅에 자신의 아들을 보내셨다. 그리고 아버지와 아들은 성령님을 우리에게 보내셨다. 오순절이 이르기 전에 이 영광의 영은 예수님의 머리 위에 임하였고, 오순절 후에는 이 거룩한 영이 교회 위에 임하였다. 교회 위에 임한 영은 교회를 거룩히 구별해 세상 가운데 보내는 역할을 한다.

교회는 세상으로부터 부름받은 공동체다. 또한 교회는 세상으로 보냄받은 공동체다. 교회는 이 땅에서 하나님 나라의 대사로서 예수님의 사역을 펼쳐가야 한다. 삼위 하나님이 세상에 들어오시고 사회에 침투하시며 인간과 관계 맺으셔서 구원을 펼쳐가시는 것처럼 교회 또한 그런 역사성과 사회성을 가져야 한다. 따라서 현대 교회는 유배 상황에서 참된 정체성과 선교적 소명의 회복을 위한 회심이 꼭 필요하다.

《교회다운 교회》, 신호섭, 다함

#하나님나라   #신앙고백   #거룩한삶   #교회의질서   #공동체

정체를 못 견디는 교회

저자가 간절한 마음을 담아 쓴 교회에 관한 책을 정독했다. 성경이 정의하는 교회와 성경이 규정하는 규범으로서 개혁파 신조와 신앙고백서에 근거했는지를 교회의 기준으로 삼는 것은 중요하다. 누구나 자기가 원하는 교회와 꿈꾸는 교회 그리고 소망하는 교회를 말할 수 있다. 그러나 인간의 욕망과 상상력이 투영된 교회라면 성경에서 말하는 교회라고 할 수 없을 것이다.

교회는 많은 사람이 오고 성장하기를 바라기에 다양한 시도를 한다. 내가 섬기고 목회하는 교회가 사람들의 칭찬을 받고 예배가 은혜롭기를 원하며 역동적인 많은 활동이 일어나기를 바란다. 섬기는 자들의 이러한 마음은 간절하고 절실하다. 그러나 진정성이 있다고 다 옳은 것은 아니다. 내가 마음을 담아 교회를 세워 가지만, 그것이 성경의 가치관에 어긋난다면 잘못된 것임을 인지해야 한다.

코로나19를 겪으며 교회를 되돌아보고 교회 됨을 깊이 생각하는 시간을 가지게 되었다. 코로나19 상황이 장기화함에 따라 교회도 다양한 시도를 해보지만 한계를 느끼고 아우성을 친다. 교회가 여러모로 희생하고 공감하고 양보해 왔다고 생각하기에 그런 심정을 이해한다. 그러나 한편으로는 이러한 반응이 금단현상과 같은 것이라면 신앙의 본질과는 관계없는 일일 것이다.

성경적인 교회란

교회다운 교회가 무엇일까? 예배 한 번 못 드린다고 죽을 것 같아 한목소리로 함성을 지르는 것은 아닐 것이다. 혹 교회가 피해를 보고 손해를 입는다 해도 오히려 교회는 예수님의 희생을 떠올리며 이를 감내하고 인내하며 십자가의 길을 가야 할 것이다. 반대로 타인이 불공정하고 부당한 대우와 상처를 받는 일이라면 교회는 앞장

서서 뱀처럼 지혜롭고 현명하게 대처해 법과 제도를 바꾸어서라도 하나님의 정의를 실현해야 할 것이다.

교회는 지상에서 하나님 나라를 보여 주는 곳이 되어야 하고, 예수님이 이 땅에서 하신 일을 종말까지 수행하는 역할을 해야 한다. 목회자라면 누구나 교회에 대한 글을 소책자 정도로는 쓸 수 있다. 교회마다 특징이 있듯이 목회자에게도 저마다의 특징과 꿈이 있기에 각자의 은사와 성품대로 교회에 관해 쓸 수 있을 것이다. 아래의 글을 통해 내가 생각하는 성경적인 교회에 관해 논하고자 한다.

영원한 진리가 없다고 믿는 시대인 지금, 교회 안팎의 모든 사람이 교회에 대해 말하고 있다. 이들은 자신에게 유익이 되면 진리이고 불편하면 비진리로 여긴다. 사람들이 말하는 모든 교회의 정의가 다 기록할 만한 가치가 있는 것은 아니다. 사람들의 소리를 듣고 공감해야 된다는 것에는 동의하지만, 그들에게 맞추어 교회를 정의하는 것은 지극히 인간 중심적이다. 모두가 말하는 상대적인 기준을 넘어 절대적인 성경의 기준이 제시되어야 한다.

현대 교회의 모습

언제부턴가 교회는 서비스를 제공할 목적으로 운영하는 곳이 되었다. 내 생각에는 1990년대를 기점으로 그러한 교회 운영 체제가 활성화된 것 같다. 지금도 그런 흐름은 지역 교회 곳곳에 스며 있고, 서비스 마인드를 가진 담임목사가 그런 모습으로 교회를 이끌어간다. 사람을 낚는 어부가 되어야 하는 교회가 마치 세상에 낚인 교회가 된 것 같다. 세상 사람들이 와서 주님 앞에 굴복하는 교회가 되어야 하는데 세상과 사람 앞에 굴복하는 교회가 되고 말았다.

교회는 세상 속에 존재하지만 엄연히 세상과 다른 곳이고 구별되는 곳이고 차별되는 곳이다. 그렇다고 세상을 배제하고 혐오해야 한다고 오해해서는 안 된다. 교회는 거룩한 곳이어야 하므로 세상의 정신과 가치관을 배격하고 물리쳐야 한다. 물질주의, 물량주의, 성공주의, 자본주의, 외모지상주의 등의 사상들이 교회를 지배하지 않도록 교회는 진리로 성도를 보호해야 한다.

세상 사람들이 교회에 와서 세상에서 말하는 주제와 같은 이야기와 가르침과 주장을 듣는다면 그것만큼 교회의 수치가 있을까? 교회는 사람들에게 세상에서 듣지 못한 말씀을 들려주어야 하고 자기 내면에 숨겨져 있는 영혼의 결핍을 볼 수 있도록 해주어야 한다. 무엇보다 하나님이 창조주와 구원자 되시며 역사를 주관하시는 분이신 것과 자신의 인생이 우연이 아니라 지금도 하나님이 주인 되신다는 것을 깨닫고 회개하는 곳이 되어야 한다.

모든 것을 허물고 모두가 평등하다고 여기는 해체주의가 만연한 시대다. 그러나 우리는 절대자 되시는 하나님 앞에 피조물로서 위치를 확인해야 한다. 교회 안에 부정과 죄가 만연하니 목사와 직분자들도 우습게 여겨지고 있다. 모든 직분도 없애야 한다는 주장도 나오고 있다. 그러나 교회의 직분과 질서는 하나님이 정하신 것이다. 교회는 마땅히 회개해야 한다. 그러나 인본적인 주장이 우선이 아니라는 것도 알아야 한다.

거대한 세상 풍조와 사상이 안개처럼 교회를 뒤덮고 있다. 사방에서 부는 바람이 교회를 흔들고 있다. 그런데도 교회 됨이 무엇인지 깨닫지 못하고 기업 같은 교회와 세상 같은 교회, 신학이 없는 교회와 영적인 질서가 없는 교회로 살아간다면 희망이 있을까? 모두가 고통받던 코로나19 상황에서 대면 예배를 못 드리게 한다고 떼쓰는 모습을 보이는 교회가 과연 교회라고 할 수 있을까?

우주적인 교회를 사랑하다

저자의 글을 보며 느낀 것 두 가지가 있다. 저자는 우주적인 교회, 즉 그리스도와 연합된 보이지 않는 보편 교회를 열렬히 사랑한다. 우리가 지역 교회를 사랑하는 이유는 혈연과 학연, 지연 등 여러 인간적인 이유 때문일 수 있다. 그러나 저자는 그리스도께서 죽기까지 사랑하여 피 흘리며 사신 교회라는 본질적 가치를 붙들며, 그 사랑을 책 전체의 흐름으로 잡고 있다.

너희가 예수를 보지 못하였으나 지금도 사랑하고 기뻐한다는 베드로 사도의 고백처럼 저자는 보이지 않는 교회를 향한 사랑이 교회다움을 꿈꾸게 한다고 믿는다. 아울러 그러한 교회가 무엇인지 성경을 근거로 정의하고 있다. 우주적인 교회를 사랑하니 그분의 피로 세워진 지역 교회 또한 저자는 아끼고 사랑한다. 하나님을 아버지로 모시는 이들이 교회를 어머니로 모시게 되는 것처럼 저자는 그리스도와의 연합된 교회를 사랑하기에 지역 교회를 사랑하고 안타까워하는 것이다.

교회의 질서를 소중히 여기다

또한 저자는 교회의 질서를 소중히 여긴다. 오늘날 교회 안에서 질서와 직분이 무가치하게 여겨지고 있다. 직분자들의 부정과 죄들 때문이다. 나도 목사로 살고 있지만 부끄러워 낯이 뜨거워질 때가 있다. 오늘날 교회는 직분의 황폐화를 경험하고 있는 듯하다. 그렇다고 그리스도의 아름다운 덕을 세우고 교회를 돌봐야 하는 직분을 버리는 것은 비성경적이다. 모두가 평등한 인간이고 누구나 존엄성을 가진 존재지만 교회 안에서 필요에 따른 역할을 부여받는 직분은 또다른 이야기다.

그래서 저자는 교회의 질서와 직분을 성경적으로 정의하고 모든 직분을 소중한 것으로 여기며 그것의 바른 역할을 자신의 경험으로 잘 소개하고 있다. 잘못된 권위주의와 은사주의가 교회의 전부는 아니다. 세상이 볼 때 비상식적이고 답답해 보이는 구조지만 성경의 정신을 따라간다면 본래의 가치를 발견하게 되리라 확신한다.

교회, 거룩한 삶이 있는 공동체

전원 교회, 이머징 교회, 대안 교회, 새로운 교회, 온라인 교회 등 다양한 교회가 이 시대에 존재한다. 그러한 교회에 구원이 없다거나 잘못되었다고 함부로 평가해서는 안 된다. 그러나 성경에서 말하는 교회와 역사적인 신앙고백서에서 말하는 교회가 무엇인지 아는 것은 중요하다. 교회가 무엇인지 분별하고 자신을 점검할 수 있어야 하기 때문이다. 이를 통해 하나님 보시기에 부끄럽지 않게 교회를 지키고 세워가야 한다.

교회는 하나님 백성의 모임이고 공동체다. 요한계시록은 하늘에서 내려오는 새 예루살렘을 신부이자 어린 양의 아내라고 정의한다. 이는 하나님 백성의 공동체를 뜻한다. 그래서 교회는 거룩해야 한다. 거룩한 삶은 하나님께 변화받은 자들만이 살 수 있는 것이다. 거룩은 하나님의 뜻에 일치하고 말씀에 순종하고 예수를 닮아가는 것이다. 교회다운 교회, 정의하기 어려운 주제지만 이 책을 통해 교회 됨을 깊이 생각해 보고 회개하고 작아지고 나눠 주고 겸손히 저항하고 뿌리내리고 단단해지는 길을 가기를 소망한다.

2부 제자도

교회에 다니는 것은 쉬우나, 제자가 되기는 어렵다. "나를 따르라"는 부르심은 한순간이지만 평생에 걸쳐 따라야 하는 사명에는 많은 대가가 따른다. 제자는 한순간에 만들어지지 않는다. 주님의 제자는 오래도록 한길에 순종하는 사람이다. 나의 욕망을 따르기보다 주님의 소망을 따르는 사람이고, 나의 욕구보다 주님의 요구에 반응하는 사람이다.

제자란 십자가를 지는 사람

예수 그리스도의 구원과 은혜에 감격하면 하나님을 위해 살고 싶은 총체적인 목적이 생긴다. 성도는 이 은혜를 예배와 말씀과 기도를 통해 유지하며 이를 통해 개별적인 목적을 부여받는다. 하나님의 은혜는 결코 이기적인 만족과 개인의 야망을 위한 것이 아니다. 그러나 이 거룩한 은혜를 유지하지 못하고 은혜의 목적을 깨닫지 못하면, 교회를 다니고 주님을 믿는다고 하면서도 순전히 자기를 위해 예수님을 이용할 수 있다.

미국의 신학자 달라스 윌라드가 현대 교회의 성도를 보며 '뱀파이어 크리스천'이라는 진단을 내렸다. 그리스도의 피는 자기의 위로와 만족을 위해 필요로 할 뿐이고, 성도의 생각과 가치관, 삶의 변화가 없는 변질된 모습을 예리하게 지적한 것이다. 성도는 주님을 배우고 주님이 가신 길을 따르는 제자인데, 그리스도에게 피만 요구할 뿐 주님의 요구에는 따르지 않는다.

현대 교회에서 발생하는 여러 문제와 상처 때문에 많은 성도가 교회를 떠나고 싶어 한다. 혹자들은 군중 속에 묻혀 소리 없이 편하게 예배만 드리고 썰물처럼 빠져나간다. 교회 때문에 힘겨워하다 결국 교회를 벗어나는 가나안 성도도 많아지고 있다. 교회의 세속화된 모습 때문에 교회를 지키지 못하고 눈물을 흘리며 다른 길을 선택하는 안타까운 성도도 있다.

교회를 공격하고 위협하는 세상 정신에 물들어 힘의 논리로 주님의 길을 가는 자들이 있다. 번영신학에 물들어 주님의 목적을 왜곡하여 자기를 위한 신앙생활을 하는 자들이 있다. 또한 교회에 실망하고 상처받아 제자의 공동체적 삶을 포기하고 군중 속에 묻혀 홀로 무교회주의처럼 사는 자들도 있다. 성경에서 말하는 제자는 십자가의 방법으로 사는 자이고 섬기는 자인데 거룩한 뜻을 분별하지 못하고 자기합리화와 타협으로 사는 자들이 있다.

세상은 힘의 논리로 돌아간다. 어떤 문제가 생겼을 때 힘으로 해결하는 것은 간단하다. 세상에서 성공하는 것은 힘과 권력을 얻는 것이고 높은 곳에 이르는 것이다. 칼자루를 쥐어서 어디서든 큰소리치는 위치에 오르는 것을 성공이라고 생각한다. 그러나 제자는 세상과 다른 십자가의 방법으로 사는 자이며 선한 양심으로 주님의 뜻을 추구하는 자다. 제자는 주님의 십자가처럼 낮아지고 겸손하고 연약함으로 사는 사람이다.

제자는 주님이 십자가를 지신 것처럼 자기 십자가를 지고 십자가의 방법으로 사는 자다. 하나님의 은혜를 헛되이 받는 자가 아니라 그 은혜로 사는 자다. 제자의 목적은 부와 명예와 권력과 나의 꿈을 이루는 것이 아니다. 변화된 내면과 회복된 양심을 가지고, 루터가 1521년 보름스 의회에서 외친 "내 양심은 말씀에 사로잡혔습니다"라는 선언처럼, 그리스도의 흔적을 새기며 사는 사람이다.

또한 제자는 사회의 병들고 타락한 모습과 부패한 구조를 보며 하나님의 뜻이 이루어지도록 기도하며 힘쓰는 사람이다. 변질된 교회를 향해 돌을 던지는 것이 아니라 제단 뿔을 붙잡고 여전히 교회의 희망을 간절히 기도하는 자다. 무너져가는 세상을 보며, "삶의 한 자락이라도 그리스도의 통치가 미치지 않는 곳이 없습니다"라고 외친 아브라함 카이퍼처럼, 모든 영역에서 하나님의 질서를 세우는 사람이다.

교회에 다니는 것은 쉬우나, 제자가 되기는 어렵다. "나를 따르라"는 부르심은 한순간이지만 평생에 걸쳐 따라야 하는 사명에는 많은 대가가 따른다. 제자는 한순간에 만들어지지 않는다. 주님의 제자는 오래도록 한길에 순종하는 사람이다. 나의 욕망을 따르기보다 주님의 소망을 따르는 사람이고, 나의 욕구보다 주님의 요구에 반응하는 사람이다. 이 챕터를 통해 제자의 정체성과 사명이 바르게 세워지기를 기대한다.

《나를 따르라》, 디트리히 본회퍼 글, 김순현 옮김, 복있는사람

#그리스도인은_누구인가 #성도의목적 #제자도 #공동체

세상에 동화된 성도

그리스도인은 누구이고 무엇을 하는 사람인가에 대해 요즘처럼 심
각한 질문을 던진 날이 없다. 교회 지도자들은 권력자들에게 하나
님의 뜻이 실현되어야 하는 긴박한 말씀을 전하기보다 그의 비위를
맞추고 듣기 좋은 말만 해주고 있다. 교회 또한 어떠한가? 곳곳에서
시국선언 불길이 산을 태우듯 번져가는 시점에 관제탑과 등대 같은
역할은 못할망정 내부의 문제와 갈등으로 기능이 마비된 모습이다.

그리스도가 머리 되셔서 그분의 지휘와 가르침을 받는 교회의 모습이 이러하니 생명의 빛은 소멸될 수밖에 없다. 세상과 담을 쌓은 채 영적인 것만 추구한다는 허울 좋은 포장에 가려져 물이 고여 썩어 가는 호수처럼 진리의 역동성을 잃고 고립되고 있다. 세상의 소금으로서 부패를 막고 사회의 공적인 영역이 무너지지 않도록 해야 하는데, 맛을 잃어버린 소금이 되었다. 사망의 기운이 장악하지 못하게 세상을 환히 비추어야 하는데 그림자 하나도 몰아내지 못하는 약한 빛이 되었다.

그리스도인은 어떠한가? 나라에 구원이 필요하고 백성의 눈물과 고통을 해결해야 하는 시대에 주님의 부르심에 순종하고 있는지 반성하게 된다. 우리가 믿고 고백하는 그리스도께서 선한 일을 위해 우리를 불러 주셨음에도 우리는 여전히 세속적인 가치만을 위해 기도하고 어느새 세상의 썩은 냄새에 동화되고 있음을 보게 된다. 예수님은 세상과 싸워 이기셨는데 그리스도인은 세상과 손잡고 타협하고 있다.

진정한 복음을 호소

고전으로 불리는 이 책 디트리히 본회퍼의 《나를 따르라》를 읽으면서 요즘 시대에 교회와 성도에게 꼭 필요한 메시지를 무거운 마음으로 받아들였다. 많은 독자가 가슴이 뛰다 못해 심장이 터질 정도의 감동을 준 책이라는 말을 했다. 그러나 나에게는 그런 흥분보다 더 깊은 여운이 남았다. 무엇보다 제자도에 대해 진지하게 고민하게 되었고, 그리스도인은 누구이며 무엇을 하는 존재인가에 대해 심각하게 고심하며 읽었다.

우리가 잘 알다시피 저자 본회퍼는 불의한 권력에 맞섰고, 시민종교와 예수를 부정하고 하나님을 대항하는 세력을 향해 죽기까지 싸운 하나님의 선지자다. 당시 독일의 황제이자 신으로 군림한 히틀러를 상대로 믿음을 지키고 십자가를 진 위대한 순교자다. 교회 지도자들이 독재와 우상을 찬양하고 사악한 권력을 지지할 때 끝까지 주님을 따르고 주님이 원하시는 길을 걸어간 진정한 제자다.

죽음이 문턱에 앉아 삼킬 기회만 찾던 시절에 저자는 목숨을 걸고 메시지를 선포했다. 당장이라도 죽을 것처럼 아니 이미 죽은 사람처럼 죽음을 전혀 두려워하지 않았다. 더럽고 교활한 악을 향해 희망과 생명과 능력을 선포했다. 잠자던 영혼들이 깨어나고 악령과 거짓에 사로잡힌 사람들이 풀려나도록 피를 토하듯 간절한 심정으로 예수님의 말씀을 가르쳤다.

그는 이 책을 통해 제자도가 무엇인지 진리가 무엇인지 세례가 무엇인지 교회가 무엇인지 성도란 누구인지 그리스도의 형상을 본받는다는 게 무엇인지 일깨운다. 당시 루터의 칭의와 제자도를 변질시킨 타락한 독일 교회와 백성을 피폐하게 만드는 거짓 정부 그리고 주님이 아닌 권력을 따르는 지도자와 성도들을 향해 호소한다. 그의 선지자적 메시지는 오늘도 동일하게 적용된다. 복음과 구원을 변질시킨 교회를 향해, 비정상적인 일을 행하고 악마의 노예가 되어버린 정부를 향해, 그리고 세상을 사랑하는 지도자와 성도를 향해 깊은 울림을 전해 준다.

책은 총 2부로 구성되어 있다. 1부에서는 값비싼 은혜, 나를 따르라는 부르심, 단순한 복종, 예수를 따르는 것과 십자가, 예수를 따르는 것과 단독자, 산상설교를, 2부에서는 선결문제, 세례, 그리스도의 몸, 가시적 공동체, 성도들, 그리스도의 형상을 기술한다. 소주제마다 복음과 제자도의 핵심을 설명하는 귀한 내용으로 가득하다. 나는 책 전체에서 보이는 세 가지의 특징으로 서평을 쓰고자 한다.

본회퍼가 말하는 제자도

우선 저자는 끊임없이 제자도를 강조한다. 예수께서 우리에게 주신 은혜가 무엇이고 그 목적이 무엇인지 설명하고, 그 은혜와 함께 나를 따르라고 하신 부르심의 의미가 무엇인지를 전달한다. 실제 현대 교회를 보면 하나님께 은혜받았다는 말은 많이 하지만, 신앙을 자기 위로와 문제해결을 위한 도구로만 여길 뿐 인격 성숙과 영적 변화, 공동체와 세상을 향한 사랑과 섬김으로는 나아가지 못하고 있다.

은혜를 주신 것은 부르심과 함께 반드시 동반되는 것인데 은혜를 자기를 위한 소비로만 사용한다. 희생하지 못하고 사랑하지 못하고 낮아지지 못한다. 저자는 "제자도는 주님의 모습을 본받는다는 것"이라 말하며 기꺼이 고난받는 것과 십자가의 자리를 강조한다. 제자는 실제로 죽는 자리까지 가는 것이라고 하며, 그 죽음의 자리에서 세상의 죄와 거짓과 불의와 더러운 것들을 주님처럼 스스로 짊어지고 싸우다 죽는 것이라고 외친다.

주님의 제자라면 세상의 죄들을 외면하지 않고 오히려 나를 죽여 죄악과 갈등을 해결하고 평화를 이루어야 한다. 앞서 행하신 주님처럼 세상의 불의와 무거운 짐을 짊어져야 한다. 제자는 골방에서 기도를 드린다. 그 기도는 능력으로 가시화된다. 병든 세상과 죽어가는 교회와 총체적으로 몰락하는 사회를 향해 제자는 당장 칼을 휘두르기보다 모든 짐을 짊어짐으로 싸워 이겨내는 존재다. 그분의 부르심은 행동이며 실재이며 가시적이다.

저자는 그리스도의 몸으로서 교회를 강조한다. 성도는 세례를 통해 그리스도와 함께 죽고 산 경험이 있으며 부활의 능력으로 살아가는 존재다. 세례는 성도를 모든 죄에서 깨끗하게 하고 그리스도의 연합으로 인도한다. 육체의 할례가 아니라 마음의 할례를 받은 자만이 그리스도인이고, 옷을 찢은 자가 아니라 세상 정욕과 탐욕에 물든 마음을 찢는 자만이 거룩한 성도다.

여기서 저자는 강조하기를, 성도는 혼자 살지 않고 스스로 성화되는 것이 아니라 지체들과 함께 거룩한 공동체를 이룬다고 가르친다. 왜냐하면 하나님의 말씀이 공동체를 찾고 공동체를 맞아들이기 때문이다. 또한 성도는 그리스도를 자신의 머리로 여기는 자들이기에 교회를 통해 한 몸을 이루어 주님이 원하시는 일을 실현해 간다. 세상 속에서 공간을 확보한 교회는 거룩과 능력의 공동체로 가시화되어 나타난다.

나는 저자가 나를 따르라는 주님의 부르심을 교회로 확장해 가는 데에 크게 감동했다. 예수를 믿어도 혼자 잘 믿으면 그만이라는 개인 신앙이 팽배한 시절에 진리는 공동체를 형성하고 사회를 변혁시키고 세상을 지키며 이타적인 공동체를 만든다는 점이 큰 울림이 되었다. 교회가 세상에 동화되고 권력을 따르고 고난받는 것을 두려워하고 피하는 시절에 이 시대 주님의 몸 된 교회에 꼭 필요한 강력한 메시지로 들렸다.

또한 저자는 교회가 세상에서 공간을 확보하여 가시화된다는 것을 중요하게 생각한다. 교회가 세상에서 무능력하여 없어지고 세상의 정신에 지배당하여 변질된 모습으로 사회에 불필요한 건물이 되는 게 아니라, 세상에 침투하여 사람들을 각성시키고 오히려 사회가 의지하는 공동체가 되어야 한다. 거짓이 난무하는 곳에 진실한 증언을 하고 불의한 곳에 정의의 꽃을 피우며 사람을 경멸하는 곳에 사랑과 섬김을 보여 주는 가시적 공동체를 강조한다.

성령의 봉인

마지막으로 저자는 성령의 봉인을 강조한다. 예수 그리스도는 제자와 교회에게 나를 따르라고 부르셨을 뿐만 아니라, 이 부르심은 노아의 방주에 역청을 칠하여 보호하신 것처럼 성령의 인침으로 종말까지 친히 제자와 교회를 책임지신다. 제자가 죽기까지 순종하여 부활의 능력으로 살아가고 날마다 좁은 길, 좁은 문, 십자가의 길을 걸어가도록 도우시고 격려해 주신다는 것이다.

고난을 피하고 싶고 주저앉고 싶을 때마다 주님께로 인도하여 그분과 더 친밀하게 하시고 주님께 소망을 두게 하신다. 제자로서 부끄럽지 않고 흠이 없고 정결한 신부로 살도록 도와주시고 공동체의 영적 아비로서의 역할도 잘 감당하여 하나님께 영광이 되도록 이끄신다. 이 땅에서 성도가 십자가의 흔적을 지니게 하셔서 마지막 날까지 그리스도를 향해 성장하여 주님의 온전한 소유가 되게 하신다.

또한 이 성령의 봉인은 부르신 공동체를 세상에서 가시화하도록 견인한다. 이 봉인은 교회가 세상에서 투쟁하도록 초청한다. 그리하여 세상의 폭력과 거짓들과 싸우고 사악한 권세와 더러운 영을 물리쳐 사회에 정의와 공의가 흐르게 하고, 인간의 기본적인 가치를 지켜내는 역할을 하도록 돕는다. 공동체는 눈물을 흘린 자에게 손수건을 건네고 주저앉은 자에게 손을 내밀고 바른 질서를 세워 평화를 이루는 세상이 되도록 한다.

그리스도인의 행동

글을 마무리하면서 저자는 그리스도인의 행동을 강조한다. 주님은 우리가 믿는다고 말하는 것으로 그치는 게 아니라, 주님을 따르는 행동과 이를 통해 성령께서 맺게 하시는 아름다운 열매를 보기 원하신다. 그렇다. 성경은 말씀을 듣고 행하는 사람이 되라고 가르치고 정의와 공평을 지키며 살라고 한다. 피조물의 신음을 외면하지 말고 그들의 응어리를 풀어 주고 사회약자들을 도와주어 공공선을 회복하고 사회적 진리를 펼치라고 한다.

그러나 행동이 결여된 값싼 은혜는 성도를 마비시킨다. 주님의 부르심까지 순종하지 못하고 옛것으로부터의 단절도 이루어 내지 못한다. 아무런 결단과 변화와 성숙과 열매를 만들어 내지 못하는 시체가 되고 만다. 이 값싼 은혜는 본회퍼의 말처럼 교회와 성도의 최대의 적이며 모든 엄중한 주님의 계명을 파기하고 그리스도와 연합되는 길을 차단한다. 그래서 이 위기의 시대에 저자는 다시 한 번 교회와 성도에게 주님의 위대한 말씀을 들려준다. "나를 따르라"고.

《안녕, 기독교》, 김정주, 토기장이

#그리스도인　#은혜　#일상　#변증　#믿는이유　#간증

일상의 언어로 변증하다

김정주 전도사는 일상의 언어로 기독교와 신앙을 소개하는 탁월한 은사를 지녔다. 저자의 글을 읽으면 나도 모르게 미소가 지어지며 '그래, 이게 기독교야'라고 고개를 끄덕이게 된다. 저자의 남다른 비유는 내가 사모할 정도로 뛰어나다. 일상의 언어를 통해 하나님과 교회와 복음을 전하는 것은 그의 노력이 빚어낸 실력이겠지만, 하나님이 주신 특별한 선물이라 여겨진다. 그의 글을 통해 영혼이 살아나고 회복되며 평안해지는 것을 느낄 수 있다.

요즘처럼 기독교가 본래 이기적이고 반사회적으로 비치는 때에 이 책은 기독교의 본래 가치를 소개한다. 이전에는 교회 다닌다고 말하면 인정과 신뢰를 받았는데 이제는 교회 다닌다는 말을 숨기게 된다. 예수님이 원하신 교회의 모습에서 멀어져 탐욕의 운동장이 된 것 같다. 복음은 너무나 기쁘고 좋은 소식이고 우리의 가슴을 뛰게 하는데 언제부턴 우리를 경쟁에서 이기게 하는 도구로 변질된 것 같다.

이 책은 기독교에 대한 오해를 가지고 있는 사람들에게 바른 기독교를 알게 해주는 역할을 한다. 이제 신앙의 첫걸음을 뗀 자나 무의미하게 교회를 다니는 사람들에게 기독교의 핵심을 잘 소개한다. 신학자들의 어려운 말과 형이상학적인 설명이 아니라 일상의 소재를 통해 적절하고 풍성하게 기독교를 풀어낸다. 저자는 일상의 언어와 소재를 가지고 기독교를 소개하는 우리 시대 최고의 변증가 중 한 명이라는 생각이 든다.

위에서 아래로

기독교는 사람의 신분을 상승시키고 사회에서 출세하게 만들어 주는 도구가 아니다. 신앙은 내가 교양 있고 모범적이며 나를 돋보이게 해주는 수단이 아니다. 신앙은 내가 원하면 언제든지 취할 수 있고 원하지 않으면 버릴 수 있는 취미도 아니다. 기독교는 사람을 강요하고 억압하며 유혹하는 것이 아닌데도 기독교의 필요를 세상의 등급과 기준으로 낮추어 소개하는 사람들이 있다.

신앙은 예수의 이름으로 내 꿈을 이루고 소원을 성취하는 데 목적을 두지 않는다. 더 높은 자리에 올라가서 큰소리치는 것도 신앙의 목표가 될 수 없다. 예수님의 제자들은 "누가 크냐"라는 주제로 다퉜지만 예수님은 크고자 하는 자는 먼저 희생하고 자기를 비우며 작은 자를 섬기는 자라고 말씀하신다. 그래서 신앙은 혁명적인 것이고 기독교는 세상의 가치와 정면으로 부딪치는 것이다. 올라가고자 하는 모든 욕망을 내려놓게 한다.

예수님은 삭개오에게 내려오라고 하신 것처럼 우리에게도 동일하게 말씀하신다. 우리는 신앙을 도구 삼아 올라가고 싶고 예수님 때문에 잘 되어서 복을 얻고자 하는데 예수님은 그러지 말고 그냥 내려오라고 하신다. 높은 데 올라가지 않아도 되니 먼저 내려오라고 하신다. 나의 밑바닥을 알고 죄인됨을 알아 욕망을 위해 올라가지 말고 내려오라고 하신다. 이제는 하나님 나라를 위해 살고 화해하는 삶을 살라고 말씀하신다.

우리는 예수님을 믿고 난 후 특별한 일을 하고 위대한 업적을 남기려고 한다. 그러나 하루하루를 하나님께 헌신하지 못하고 주님의 주 되심을 인정하지 못하면서 특별한 순간을 골라내어 주님께 드린다는 것은 거짓이다. 예수님은 우리에게 유명해지기를 원하시는 것이 아니라 하루라도 주님과 동행하길 원하시고, 깊이 교제하는 삶을 원하신다. 오늘은 여전히 눈물 골짜기를 지나가는 삶이지만 내일의 최상보다는 일상을 원하시는 주님이다.

예수님을 믿으면 별 볼 일 없어 보이던 일상이 특별해진다. 주님이 임재하시고 함께하시는 시간은 소중하고 특별한 의미가 있다. 세상은 최상을 위해 목적과 수단을 가리지 않고 달려가지만, 주님은 일상의 온전한 순종을 최상으로 여기신다. 이런 것을 보면 주님은 우리를 대단한 일을 하기 위해 부르시지 않았음을 알 수 있다. 주어진 일상에 가정과 직장과 교회 등 내가 존재하는 모든 곳에서 주님의 향기가 되도록 우리를 부르신 것이다.

최고가 아니어도 일등이 아니어도 사람들이 알아주지 않아도 괜찮다. 오히려 남이 보지 않고 아무도 모르는 곳에서 내가 무엇을 하는지를 하나님은 더 소중히 여기신다. 은밀한 곳에서 이루어지는 삶이 그 사람의 정체성이고 능력이다. 일상에서의 제자도가 없다면 특별한 일을 이룰 수 없다. 설교단에서의 선포가 빛이 나려면 설교단 아래서의 삶이 아름다워야 하듯 우리의 매 순간이 의미 있을 때 빛 나는 삶이 될 수 있다. 그 일상의 신비를 아는 자가 그리스도인이다.

위로자

세상에는 아픈 사람이 많다. 몸이 아픈 사람도 많고 정신적으로 고통당하는 사람도 많다. 더구나 도시에서 살아가는 사람은 소외와 고립을 느끼며 정서적으로 더 불안해한다. 이런저런 일들로 스트레스를 받아 약을 먹지 않고는 잠을 자지 못하는 사람도 많고, 마음이 병들어서 삶의 의욕을 잃어버린 이도 많다. 우리 주변에는 슬프고 아프고 낙심한 자들이 적지 않다. 어린이에서 노인에 이르기까지 저마다 문제를 가지고 살아간다.

신앙의 사람은 하나님의 시선을 가진 자이고 그 시선은 사람을 향하도록 안내한다. 하나님의 은혜를 받으면 동굴로 숨거나 산속으로 들어가지 않는다. 하나님의 은혜는 사람을 바라보도록 하고 아픔에 공감하게 한다. 신앙이 좋다는 것은 아픔을 아는 것이고 아픔의 사람을 위로하는 것이다. 마음이 황폐해진 이에게 그리스도의 사랑을 알려주어 그가 존재만으로도 얼마나 소중한지 깨닫게 해준다. 기독교는 세상을 위로하는 진리이고, 성도는 주님을 대신하는 위로자다.

세상은 서로를 향해 경쟁할 것을 요구하며 언제나 누군가를 밟고 이길 준비를 강요한다. 성경은 서로의 짐을 대신 지라고 하는데 세상은 한쪽에게 과중한 짐으로 짓누르려 한다. 모든 체제는 피라미드가 되어, 각 계급의 사람을 노예로 만든다. 곳곳에 사람의 마음을 녹이는 위로가 필요하고 그 차갑게 얼어붙은 마음은 봄바람을 갈망한다. 기독교는 봄바람이고 성도는 그 바람의 향기다.

따뜻한 성도가 되고 싶은 이들에게

나는 17가지의 주제로 된 이 책의 스토리들에서 공통점이라 할 수 있는 세 개의 소제목으로 서평을 써보았다. 책을 읽으면 어떤 대목에서는 콧등이 찡해 오는 감동을 느낄 수 있고 어떤 대목에서는 마음이 시원해지거나 훈훈해진다. 저자의 신앙과 신학이 일상에 잘 녹아 있는 데다가 전혀 가볍지 않다. 어려운 신학 주제들과 유명한 신학자의 사상이 쉽게 풀어져 있어 새삼 저자의 필력에 놀라게 된다.

시중에 기독교란 무엇인가에 대해 조직신학을 바탕으로 개념과 정보가 가득한 책들은 많이 있다. 그러나 이 책은 기독교의 가치를 일상으로 풀어 쓴 보기 드문 에세이고 변증서다. 기독교 신앙의 프로필을 다양하고 조직적으로 제공하지 않아도 충분한 감동과 울림을 준다. 기독교가 무엇인지 제자도의 신앙이 무엇인지 알려주면서 우리의 가슴을 따뜻하게 해주는 책이다. 기독교는 평범하고 신앙은 따뜻하다는 것을 알려준 저자가 고마울 따름이다.

《나의 선택과 하나님의 뜻》, 이재욱, 좋은씨앗

#자유의지 #분별 #지혜로운선택 #목회 #결혼 #진로

무엇이 하나님의 뜻인가

성도는 하나님의 뜻을 찾기 위해 애쓰고 기도하며 선택하는 사람이다. 하나님을 섬긴다고 하면서 본능과 본성대로 선택하며 사는 것은 성도의 자세가 아니다. 성도는 하나님의 뜻을 이루며 살고 싶은 소원을 지니고 이를 위해 사는 사람이다. 그러나 이 하나님의 뜻을 찾는다는 것이 너무도 어렵기에 숨은그림찾기나 보물찾기처럼 느껴질 때가 있다. 때로는 중요한 선택 앞에서 고민만 하다 기회를 놓쳐 후회하기도 하고, 잘못된 선택을 할까 봐 두려운 나머지 소중한 기회가 지나가 버리는 일도 있다.

성경에 나오는 하나님의 뜻은 명확하다. 우선 거대한 하나님의 계획을 인간이 다 알 수 없다. 이해할 수 없는 일들은 하나님께 맡기며 살 때 오히려 하나님의 뜻을 발견할 수 있다. 또한 성경에 분명하게 나와 있는 선과 악과 양심과 거짓에 관련된 말씀을 기억해야 한다. 진로와 결혼 등 인생의 다양한 일을 선택해야 하는 것은 개인의 몫이다. 사람들 대부분이 고민하고 힘들어하는 선택은 각 개인이 결정하고 책임져야 하는 영역에서 하나님의 뜻을 구하는 일일 것이다.

나 역시 지나고 보니 이 '하나님의 뜻'과 관련해 얼마나 시간을 낭비하고 무기력하게 지냈는지 후회할 정도다. 이삭에게 리브가를 주신 것처럼, 바울에게 마게도냐로 가라고 하신 것처럼, 요나에게 니느웨로 가라고 하신 것처럼, 사도들에게 맛디아를 뽑아 주신 것처럼, 하나님의 뜻이 상식을 뛰어넘어 오해하기도 했고, 하나님이 정하신 오직 한 길만 있을 거라고 여기며 하나님의 성품을 잘못 알고 시간만 갉아먹은 기억도 있다.

그러나 하나님의 뜻은, 우리를 그렇게 지치게 하고 힘겹게 하는 데에 있지 않다. 저자는 하나님의 뜻은 성경을 통해 우리에게 분명히 계시 되어 있어서 명확하고, 하나님의 인도하심은 그 뜻 안에서 우리의 자유로운 선택을 통해 일하시는 은혜라고 한다. 그렇다면 우리는 어떤 선택을 할까 고민하기 전에 내가 누구이고 무엇을 위해 사는지 그 목적이 선명해야 한다. 그 분명한 목적이 없다면 아무리 좋은 선택을 하더라도 나쁜 길로 들어서게 되고, 분명한 목적이 있다면 어리석은 선택 같아도 선한 길로 들어서게 될 것이다.

그래서 우리에게 '어떤 선택을 할 것인가'에 대한 고민보다 나의 존재 의미와 목적은 무엇인지 그것부터 해결해야 한다. 무슨 일을 하든지 하나님의 영광을 위하고 이웃을 섬기며 생명을 소중히 여기는 삶을 살겠다는 인생의 목적이 있다면 무수한 선택사항을 만나도 걱정할 것이 없다. 우리가 어떤 선택을 하느냐는 분명 중요하다. 그러나 그것보다 왜 그것을 선택했느냐는 더욱 중요하다.

성품을 다듬어라

신앙생활 하면서 깨닫게 된 것은 하나님은 우리가 생각하는 것보다 훨씬 크고 놀라운 자유를 주셨다는 것이다. 어떤 법과 원칙, 기준으로 사람의 생각과 사고를 묶어서 노예처럼 살게 하지 않으시고, 저마다의 소신으로 자유롭게 살게 해주셨다. 물론 이 자유는 방종이어서는 안 된다. 무책임해서도 안 되는 것이다. 이 자유는 우리의 선택에도 적용되는데 우리가 무슨 선택을 하든 계시된 성경을 벗어나지 않는 한 우리를 존중하시고 함께하시고 보호하신다.

하나님은 우리가 무슨 선택을 하는가에 관심이 있으시다. 그러나 하나님은 우리가 어떠한 사람인가에 더 깊은 관심을 두신다. 하나님은 우리가 얼마나 복된 선택을 하느냐를 기다리시기보다 우리가 얼마나 복된 존재로 살아가느냐를 더 기대하신다. 이런 하나님의 성품에 비해 우리는 여전히 외적인 것에 관심이 많은 세속적인 사람 같다. 하나님은 나의 선택을 통해서 우리를 판단하시는 것이 아니라 여러 선택을 하는 순간까지 우리가 성장하고 성숙하기를 원하신다.

일반적으로 하나님의 선택은 바로 이것이라고 분명한 음성으로 들려주시지는 않는다. 물론 깊은 기도 중에 특별한 경우 마음에 주시는 하나님의 감동이 있을 것이다. 그러나 하나님은 우리의 선택보다 우리의 성품을 더 귀하게 여기신다. 왜냐하면 사람의 선택은 그 사람의 성품을 반영하기 때문이다. 이기적인 인격은 이기적인 선택을 할 것이고 온유한 인격은 온유한 선택을 할 것이다. 그러니 어떤 선택을 할 것인가에 너무 많은 시간과 에너지를 쏟으며 낭비하지 말고 나의 선택을 사용하셔서 훈련하고 다듬어가시는 하나님의 뜻을 알아 그분의 성품을 닮아가는 사람이 되어야 한다.

더 기도하게 된다

하나님을 의지하고 하나님께 모든 것을 맡기며 사는 사람은, 이제하나님이 모든 것을 책임지라는 식으로 살지 않는다. 지금의 선택은 이제까지의 배움과 경험과 성숙의 결과이기에 훈련을 잘 받아온 사람은 더 기도하며 하나님의 인도를 구할 것이다. 좋은 선택을했다고 이후에 기도가 필요 없는 것도 아니고, 나쁜 선택을 했다고이후에 기도가 더 많이 필요한 것도 아니다. 무슨 선택을 했느냐보다 이후에 어떻게 살아가고 있느냐가 중요하다.

누가 봐도 좋은 선택을 했어도 기도 없이 방종으로 살아간다면그 선택은 무의미할 것이고, 후회하는 선택을 했어도 이후에 기도하며 하나님 앞에서 책임감 있게 살아가는 자라면 의미 있는 선택이 될 것이다. 즉, 선택하는 그 순간보다 선택 이후에 내가 어떤 자세와 마음가짐으로 살아가느냐가 중요하다. 우리는 어리석기에 어떤 선택을 할 것인가(지나고 나면 쓸데없어 보이는)에 골몰하는데 그것보다 내가 이후에 어떤 사람으로 살아갈 것인가에 의미를 두어야 한다.

하나님 편에 서는 선택

끝으로 이 책은 진로와 배우자 선택에 관한 문제에서도 좋은 안내를 해준다. 우리는 흔히 우리의 진로는 이미 결정되어 있고 배우자 또한 이미 짝지어진 것처럼 하나님의 뜻을 운명론으로 생각하기도 한다. 그러나 우리의 선택은 그렇게 닫혀 있지 않다. 하나님은 우리의 성품과 인격과 은사, 모든 것을 종합해서 기도하고 분별하며 결정하도록 길을 열어 주셨다. 이것이면 하나님의 뜻이고 저것이면 하나님의 뜻이 아니고 하는, 그런 기준은 하나님의 성품에 대한 오해에서 비롯된다.

나의 선택이 하나님의 뜻일까? 한 치 앞도 모르고 살아가는 인간이기에 늘 고민이고, 인생의 깊고 다양한 문제 앞에서 힘겨울 때가 많다. 그러나 하나님의 뜻은 이미 밝혀져 있다. 인간의 교만과 탐욕이 그 뜻을 거부하는 것이다. 불확실한 미래지만 하나님의 뜻을 확신하고 자신에게 가장 좋은 것을 지혜롭게 선택한다면 하나님은 그 가운데 함께하실 것이다. 선택은 기계적으로 이루어지는 것이 아니다. 하나님이 우리를 당신의 사람으로 훈련하시는 지혜를 배우고, 자유를 경험하며 사는 것이 하나님 편에 서는 선택이다.

《코즈모폴리터니즘과 종교》, 강남순, 새물결플러스

#내이웃은누구인가 #우정과용서 #공동체 #환대 #결혼 #포용

진정한 평화가 가능할까

새벽에 매서운 추위를 뚫고 새벽기도를 인도하고 돌아오니 침대 위에 우리 아이가 엉덩이를 내밀며 마치 엄마 배 속에 있던 모습으로 편안하게 천사같이 자고 있다. 그리고 나는 그 따뜻한 모습을 보며, 이런 추위에 제대로 된 이불 하나 덮지 못하고 추위에 떨며 자는 아기도 있겠지, 하는 생각이 스쳤다. 시리아 난민인 세 살 아동 '쿠르디'가 보트를 타고 그리스로 건너가다 파도에 휩쓸려 시체로 떠내려온 모습에 전 세계가 충격에 빠진 사건이 떠올랐다.

똑같은 인간의 존엄성을 가지고 태어난 소중한 존재들이다. 그런데 이 땅의 아기들은 부모의 사랑을 한 몸에 받으며 편안하고 따뜻한 침대에서 추위를 모르고 꿈속을 노니는데 반해, 어떤 아기들은 태어나는 순간부터 전쟁을 경험하고 음악 대신 총소리를 듣고 자란다. 자의식도 없는 나이에 목숨을 걸고 대양을 건너야 하는 처참함을 견뎌야 한다. 코즈모폴리터니즘(편집자 주: 그리스어로 '세계'와 '시민'의 합성어로 국가나 민족에 구애받지 않고 세계적인 시야로 생각하고 행동하는 것) 사상에서 인간은, 인간이라는 조건 하나만으로 모든 사람에게 동등한 권리가 있어야 하고 무조건 환대를 베풀어야 한다고 하는데 이 세계는 평등과 환대가 오래전부터 파괴되고 부서져 있다.

저자는 21세기가 당면한 이슈인 '어떻게 함께 살 것인가'에 대한 답을 코즈모폴리터니즘에서 찾는다. 정치적이고 사회적인 주제를 철학적이고 신학적으로 분석하고 진지하게 성찰하며 대안을 제시한다. 코즈모폴리턴이란, 한 인간은 이 땅에 지역성을 가지고 태어나기도 하지만 또한 우주에 속한 사람이라는 소속성을 강조하는 개념이다. 그래서 국적이나 신분이나 나이나 문화에 상관없이 이 땅에 태어난 인간은 동등하고 평등한 존재로 사랑받을 가치가 있고, 이 사상이 세계의 영구적 평화를 위한 길이라고 설득한다.

저자는 이 평화를 위한 길을 종교 영역으로 넓히며 '종교는 무엇을 믿는가보다 어떻게 행하는가'가 더 본질적인 것이라 설명한다. 제도화된 기독교가 교회를 절대선으로 간주하여 신의 이름으로 신의 뜻을 저버리는 것을 경계한다. 예수님의 삶이 가르치고 지시하는 정신인 타자를 향한 사랑과 환대 그리고 공동체가 없는 자들까지 책임지고 연대하는 삶을 사는 것이 참된 기독교임을 강조한다.

교회에 등록하여 주님을 나의 주인이라고 맹목적으로 고백하는 것만이 예수를 믿는 것이 아니다. 예수를 믿는다는 것은 교리에 정통하고 교회의 성장을 위해 헌신하는 삶으로는 충분하지 않다. 저자는 "예수를 믿는다는 것은 예수님께서 나를 따르라고 했던 길을 따라가는 것"이라고 한다. 그것은 무조건적인 이웃 사랑, 환대, 용서의 길을 의미한다. 그 불가능성에 열정적이고 철저하게 투신하는 것이다. 자신의 삶에만 안주하지 않고 자신의 인종, 국가, 문화적 한계를 넘어 연민의 시선을 끝없이 확장하는 것이다.

그리고 저자는 내가 예수를 사랑한다는 사실이 중요한 것이 아니라 어거스틴의 말을 인용하며 "내가 나의 신을 사랑할 때, 나는 무엇을 하는가"라는 것을 끊임없이 점검하고 성찰해야 한다고 말한다. 그래서 우리 신앙의 진실성과 기독교의 가치는 구체적인 일상에서 타자와 맺는 관계를 통해서 증명된다고 한다. 타자를 향한 환대와 보살핌, 타자와의 연대 그리고 이웃을 향한 섬김이 참 종교라는 의미다.

나는 저자가 말하는 21세기가 요구하는 종교의 의미와 역할이 무엇을 말하는지 충분히 이해하고 공감했다. 예수님이 원하시는 정의와 사랑, 책임과 연대로 이루어지는 하나님 나라가 실현되어야 한다는 주장에도 동의가 되었다. 기독교가 사람이 만든 법과 질서로 제도화되어서 폭력적 차별과 정죄를 하거나 권력으로 살인하는 근본주의를 탈피해야 한다는 데도 수긍이 되었다.

그러나 한편 나는 저자의 이 말이 기독교에서는 무서운 선언으로 보였다. 왜냐하면 저자가 말하는 삶의 현장에서 만나는 굶주리고 헐벗고 병든 사람을 돌봐야 한다는 것은 실은 모든 종교가 가르치는 보편적 가치이기에 선한 사업이 기독교의 특징이 될 수 없다고 보였다. 또한 인간의 공평은 완전할 수 없기에 하나님만이 공평하시다. 그래서 어느 정도까지 구제해야 하고 어디까지 경계를 넘어서 이웃을 포함해야 하는지 그 목표지점이 상대적이고 흐릿해 보였다. 이런 상대적인 가치로 기독교가 참 종교로 인정된다는 것은 기독교를 윤리적이고 도덕적인 수준으로 이해하는 것으로 보였다. 도대체 어디까지 실천하고 베풀어야 하는 걸까?

저자는 마태복음 25장 최후 심판 이야기를 예로 들며 우리의 최후 심판 기준이 차별 없고 조건 없는 무제한적 환대라고 한다. 성만찬 사건을 설명하면서 예수님이 자신의 몸과 피를 제자들에게 제공한 행위도 나를 따르는 길은 무조건적인 환대라는 것을 몸소 보이신 것으로 해석한다. 선한 사마리아인의 비유에서도 영생과 구원은 자신과 이웃을 사랑하고 환대하는 것으로 설명한다.

나는 저자의 코즈모폴리터니즘과 환대의 관점으로 이 본문을 해석한 것이 새로웠다. 그러나 한편으로 과연 우리의 최후 심판이 작은 자에게 냉수를 주었나 안 주었나로 정해지는 것이라면 우리의 기독교가 너무 도덕적이고 감정적으로 보였다. 저자의 윤리적인 해석이 신학을 무너뜨리는 것 같다는 우려가 되었다. 우리의 구원은 전적으로 그리스도를 향한 믿음 가운데 이루어지고 성령의 역사함으로 중생하고 보증되어 성령의 열매를 맺는 삶이 마지막까지 지속적으로 나타나는 것이다. 그래서 나는 저자의 논리가 우리의 신학을 흔드는 것처럼 위태하게 느껴졌다.

반전

나는 코즈모폴리터니즘이 21세기에 꼭 필요한 사상이고 우리가 배우고 익혀야 하는 체계라고 생각한다. 그리고 세계와 하나 되는 연대의식을 가지고 인류의 많은 문제를 해결해 가는 좋은 방법이라는데 충분히 동의한다. 그러나 이 사상이 인류가 원하는 사상이 될 수 있겠으나, 인류를 구원하는 사상이 될 수 있을까 하는 의문이 들었다. 세계를 구호하는 운동은 되겠으나, 세계를 구조하는 유일한 진리가 될 수 있을까 하는 고민이 되었다.

우리는 세계화 시대에 다양한 문제를 접하며 살아간다. 이제는 나의 문제가 아니라 인류의 문제이고 모두가 공동체라는 의식으로 처리하고 해결해야 할 문제들이다. 굳이 통계자료를 활용하지 않더라도 너무나 많은 사람이 굶어 죽고 전쟁으로 총체적인 위기를 겪고 있고, 지구 환경은 인간의 이기적인 생활로 점점 병들어 생태계가 파괴되고 있다. 점점 황폐해져 가는 이 시대에 '함께 잘 살기'는 더 요원해지는 것 같다.

그래서 저자의 주장이 더욱 신선하게 다가왔다. 책을 보며 감동을 받았다. 단순히 우리의 경계를 넘어 이웃을 사랑하자는 가벼운 말이 아니라 고대와 근대와 현대의 여러 사상가의 주장을 예로 들며 코즈모폴리터니즘을 설명하는 저자의 학문 깊이에 감탄했다. 호모 사케르(편집자 주: 목숨만을 유지한 생명, 즉 생물학적으로는 살아 있지만 아무런 정치적 법적 보호가 없는 인간)같이 처음 접하는 어려운 단어도 쉽게 설명해 주어 새로운 개념을 배웠고, 지적 영역이 넓어지는 기쁨을 얻었다.

그중에 인류의 문제해결을 위한 코즈모폴리터니즘으로, 한나 아렌트의 인간의 절멸성(Mortality)과 탄생성(Natality)의 개념을 설명하면서 네이털리티의 인식론적 변화가 있어야 이 모든 일이 가능해진다고 주장하는 데 동의가 되었다. 후자는 사실적 네이털리티와 정치적 네이털리티 그리고 이론적 네이털리티로 구분할 수 있는데 사실적은 인간의 육체적 탄생이고, 정치적은 행동 공간으로서의 정신적 탄생을 의미하고, 이론적은 인간의 내면세계가 지닌 희망적인 능력을 뜻한다.

저자는 이 세 개의 네이털리티가 세계를 사랑하고 인류의 목표를 달성하는 방법이라고 소개한다. 나와 타자가 언제나 새롭게 태어날 수 있는 희망적 존재라는 인식 전환이 인류의 미래에 희망을 준다. 어떤 고난 속에 있는 사람이어도 언제든지 변화의 주인공이 될 가능성이 있고, 그러한 기대가 인간사에 소망을 불어넣는다. 세계가 아무리 타락했어도 그 속에 존재하는 인간에게 기적이 일어나면 새로운 존재가 되고 그는 새로운 공동체를 만든다는 것이다.

나는 이 부분에서 반전을 느꼈다. 저자의 주장이 단순히 윤리적이고 도덕적인 것이 아니라는 점을 파악했다. 세계가 파괴되고 심각하게 훼손되어도 세계를 구원하는 가능성이 네이틸리티, 즉 인간이 새롭게 태어날 수 있다는 가능성에 희망을 걸 수 있다. 아무리 조직이 변하고 구조가 건강해도 구성원의 모틸리티로만 인식하는 사회에서는 변화가 없고 서서히 변질되고 왜곡될 뿐이다. 그러나 공동체 멤버가 새 존재가 되고 이웃이 새로운 존재로 인식되어 서로 연대한다면 사회가 변하고 세계가 변한다는 것이다.

여기서 나는 예수님이 말씀하시는 인간은 다시 태어나야 한다는 진리를 발견하게 되었다. 네이틸리티는 거듭남이다. 이것은 무너지는 세계에서 하나님 나라를 볼 수 있는 기적의 문이다. 이웃을 사랑하고 세계와 하나 되는 것은 도덕과 윤리가 아니고 구조의 변화도 아니다. 하나 됨은 네이틸리티를 통해 가능하다. 타인과 세계에 대한 새로운 존재로의 기대와 희망이 있어야 변화될 수 있다.

저자는 여기서 삭개오 이야기를 예로 든다. 예수님이 삭개오를 찾아가서 "내가 너의 집에 유해야겠다"고 말하는 것은 버림받고 소외된 삭개오지만 예수님은 그를 다르게 인식하고 네이틸리티로 받아들이신다. 바울도 이방인을 더 이상 유대교가 여기는 지옥 불에 땔감이나 될 사람들이 아니라 주님 안에서 새로운 존재이며 모두가 하나로 주님 안에서 성전을 짓고 완성해 갈 사람으로 인식한다. 주님을 만난 후 그의 기독교는 새로운 인식의 변화를 일으켰다.

우리는 현재 다양한 종교가 있는 시대를 살아간다. 종교 선택의 자유가 있기에 사람들에게 우리의 기준으로 다가가는 것은 엄연한 폭력이다. 그러나 역사적으로 기독교는 종교의 이름으로 다양한 종류의 폭력과 전쟁을 해왔고 소수자를 혐오하고 배척하는 것을 정당화하는 폭군 같은 모습도 있었다. 네이털리티로서 해서는 안 되는 일이 왜곡된 신관 때문에 일어났고 그 때문에 대중에게 나쁜 종교로 인식되었다.

기독교는 폭력적인 종교가 아니다. 기독교는 예수님의 삶을 따르며 하나님께로 돌아가는 것이다. 이제는 인식론적 변화가 필요하다. 코즈모폴리터즘은 정치적 경제적 문화적으로 불평등과 불균형의 시대에 사는 자들의 삶에 들어가 서로를 분리하는 다양한 경계를 넘어 연대하고 환대하고 책임지는 삶을 살도록 초대한다. 예수님은 오늘도 하나님을 사랑하고 이웃을 사랑하며 생명을 살리는 삶으로 우리를 초청하신다.

현대에서 기독교는 배제에 강하고 포용이 약하여 사회에서 지탄의 대상이 되고 있다. 나는 이 책을 통해 기독교가 십자군 정신을 극복하고 생명의 종교가 될 수 있음을 확신했다. 참된 종교가 무엇인지를 알기 원하고 21세기에 어떻게 영구적인 평화를 이루어갈 수 있을지 고민하는 자들에게 이 책을 권한다. 마지막으로 어거스틴의 글로 서평을 마무리한다. "내가 나의 신을 사랑할 때, 나는 무엇을 하는가?"

3부 설교

하나님과 세상을 연결하는 자라는 의식을 지녀야 한다. 설교는 사람을 교회 안에 가두는 것이 목적이 아니다. 심령을 변화시켜서 교회 밖으로 나가 세상을 충만케 하는 데 목적이 있다. 설교는 이기적인 자아를 지원하고 응원해 주는 장치가 아니다. 오히려 하나님처럼 되려고 하는 자아를 부수고, 그리스도 앞에 엎드려 하나님을 향한 삶으로 결단하게 한다.

그때 거기서, 오늘 여기서

설교만큼 사람을 하나님께로 인도하는 강력한 도구는 없었다. 조나
단 에드워즈도 "하나님께서 설교라는 수단을 교회에 허락하신 것은
이것만큼 사람을 깨우고 하나님께로 인도하는 좋은 수단은 없기 때
문이다"라고 했다. 인간의 지성과 감정과 의지를 자극해 변화시키
는 것은 설교를 통해 일어난다. 설교로 하나님의 심정이 전달되고
거룩한 뜻이 이 땅에 침투해 인간의 마음에 파고든다.

설교라는 행위는 기본적으로 본문 연구를 거친다. 말씀은 그 시
대를 살고 있는 사람들의 문화와 역사적 배경 속에서 선포된다. 수
천 년 전의 말씀이 오늘날의 문화와 과학과 기술을 예상하며 선포
되지 않았다. 그 당시 사회와 구성원들에게 적실한 말씀으로 주어
졌다. 하나님의 말씀은 시대와 전혀 상관없는 옷을 입은 게 아니라
그 시대가 수용하는 세계관과 가치관의 옷을 입고 전달됐다. 그래

서 설교하기 위해서는 먼저 본문의 세계로 들어가야 한다.

그러나 우리는 그곳에서 멈춰서는 안 된다. 우리는 오늘을 살고 있기 때문이다. 하나님의 말씀이 여전히 살아 있는 말씀인 것은 하나님이 실재하시고 살아계시기 때문이다. 또한 그분의 말씀은 생명이고 구원하는 능력이고 진리이기에 오늘도 여전히 우리에게 적용된다. 그렇다면 말씀을 전하고 맡은 이들은 생명의 말씀이 그때의 말씀으로 끝나지 않도록 오늘의 말씀으로 받아야 한다. 그때의 말씀이 오늘의 말씀이 되어야 한다.

그래서 존 스토트가 강조한 설교의 핵심 전통(그때 거기서, 오늘 여기서)에 따라 설교의 가치를 이어가야 한다. 크레이그 G. 바솔로뮤는 그의 책 《엑설런트 프리칭》에서 성경과 오늘의 세계를 잇는 설교에 관해 다음과 같이 비유한다. 마치 화물이 비행기를 타고 목적지에 도달하는 것처럼 본문이라는 출발지에서 하나님의 말씀이라는 화물이 성령이라는 기장과 설교자라는 부기장을 통해 현장이라는 목적지에 도착하는 것으로 설명한다. 설교는 하나님의 말씀이 그때에만 머물러서도 안 되고 여기에만 고립되지도 않아야 한다.

이성과 과학이 고도로 발달된 현시대에서 설교라는 수단은 외면당하고 있다. 교회에서 아무리 부르짖고 외쳐도 누구도 거들떠보지 않는다. 복음은 우리가 잘못된 방향으로 가려 할 때 걸려 넘어지게 하고, 설교는 하나님의 실존을 보게 하는 것인데, 어쩌다 이렇게 무능력한 복음, 가치도 없고, 매력도 없는 설교가 되었을까? 물론 복음과 설교가 세상으로부터 외면당한 것에는 여러 이유를 들 수 있을 것이다.

이 챕터는 오늘날 설교의 권위가 회복되길 원하는 마음으로 구성했다. 설교가 인간의 말로 여겨지고 강단의 수준이 형편없어진 시대를 살아도, 설교는 변함없는 하나님의 말씀이고 이것을 통해 우리에게 말씀하신다는 것을 강조하고 싶었다. 그 일을 위해 설교자는 하나님의 음성을 먼저 들어야 한다. 본문에 깊이 들어가 자신을 변화시킨 말씀을 새겨야 한다. 내가 전하고 싶은 말씀이 아니라 하나님이 전하게 하는 말씀이어야 한다.

오늘날 하나님의 얼굴을 대하고 강단에 올라서는 설교자들이 얼마나 있을지 의심스럽다. 대부분 비본질적인 사역에 분주한 나머지 알맹이는 쏙 빠진 모습이다. 교회의 수준은 강단의 수준과 직결된다. 목사가 본문 연구에 충분한 시간을 들이지 못하고 기도의 능력을 덧입지 못하면 당장에라도 대책을 모색하고 조정해야 한다. 코로나19를 지나며 교회가 무엇에 집중해야 하는지 고찰하게 된다. 하나님의 경종을 듣지 못하는 이들이 많다.

설교자는 이 시대 사람들의 눈물과 아픔과 한숨에 공감해야 한다. 교회 일에 치이고 본문에만 갇히는 것이 아니라 살아서 역사하시는 하나님의 말씀이 오늘의 말씀이 되도록 사회와 역사와 인간에게 열려 있어야 한다. 나를 변화시킨 말씀이 상대방에게 능력 있게 들려지듯이 회중을 공감하는 설교자를 통해 하나님의 마음이 전달된다. 텍스트는 컨텍스트를 이해할 때 비수가 되어 꽂힌다.

그래서 설교자는 하나님과 세상을 연결하는 자라는 의식을 지녀야 한다. 설교는 사람을 교회 안에 가두는 것이 목적이 아니다. 심령을 변화시켜서 교회 밖으로 나가 세상을 충만케 하는 데 목적이 있다. 설교는 이기적인 자아를 지원하고 응원해 주는 장치가 아니다. 오히려 하나님처럼 되려고 하는 자아를 부수고, 그리스도 앞에 엎드려 하나님을 향한 삶으로 결단하게 한다.

존 스토트는 "나는 설교를 믿습니다"라고 했다. 본 챕터를 통해 그러한 고백이 일어나길 소망한다. 설교자들이 더욱 힘쓰고 애쓰고 간절하게 이 직분을 수행하길 바란다. 온 교회가 본질적인 사역으로 교회다움을 회복하길 기대한다. 세상이 원하는 교회의 모습이 아니라 하나님이 원하시는 교회의 모습으로 변화되길 바란다. 교회는 사람이 원하는 것을 들려주는 곳이 아니라 하나님이 원하시는 것을 들려주는 곳이다.

《설교자의 일주일》, 김영봉, 복있는사람

#설교의원리   #우정과용서   #인격   #거룩   #처유된자   #잘하는설교

설교자는 누구인가

책장을 덮으며 기도에 대한 마음이 솟구쳤다. 내가 설교자로 살고 있는데 그 영광스러운 직분에 비해 너무나 초라하고 부족하게 느껴졌기 때문이다. 내가 전하는 설교가 하늘의 언어가 되어 심령을 깨우고 적시고 살려야 하는데 세상의 노래와 영상보다 못한 것 같은 느낌에 한없이 죄스러웠다. 모두가 그리스도인이 될 수는 있어도 아무나 설교자가 될 수는 없다. 그 고귀한 소명 앞에 나 자신을 세우게 된 책이다.

실제 설교자는 그 누구보다 하나님을 깊이 만난 흔적이 있어야 한다. 그 만남으로 자신의 영혼을 짓누르는 부담이 있어야 한다. 설교자의 자리는 내가 좋아한다고 할 수 있는 것도 아니고 대중 앞에서 연설하는 것이 매력적이기에 선택할 수 있는 것도 아니다. 내적인 소명을 받아 내면에 그치지 않는 하나님의 두드림이 있어야 한다. 또한, 교회의 인정은 물론 일정한 절차를 통과해야 하는 외적인 소명도 있어야 한다. 아울러 영혼을 향한 사랑과 긍휼과 공감과 가르치는 은사도 지녀야 한다.

설교자는 하나님으로부터 태어나지만 더 정확히 말하면 하나님이 만들어 가시는 사람이다. 그의 내면은 성령으로 충만해야 하고 신령한 상태를 유지해야 한다. 그에게는 전해야만 하는 하나님의 지식이 가득해야 하고, 전하지 않으면 견딜 수 없는 사무치는 말씀도 있어야 한다. 그래서 그는 지식과 영성과 경건에 멈춰 있을 수 없다. 그의 멈춤은 교회의 멈춤이고 성도의 질식이기 때문이다.

그런 면에서 설교자는 지속적으로 성장해야 한다. 학위와 안수가 그를 설교자로 보장해 주지 않는다. 소명이라는 일차적인 부르심 후에 이차적인 부르심이 반드시 나타나야 한다. 그는 자신을 위한 말씀 묵상을 통해 내면이 변하여 풍기는 향기가 있어야 하고 기도 속에서 하나님의 심정을 담아 거룩하고 부드러운 인격이 드러나

야 한다. 무엇보다 진리에 매진함으로 성령의 사람이 되어 어디서
든 하나님의 진리를 비춰야 한다.

이 책은 여러 목회자와 성도들에게 사랑받는 김영봉 목사의 설교와
설교자에 대한 책이다. 그는 자신의 목회를 되돌아보면서 현재를
살아가는 목회자들에게 설교에 대한 경험과 깨달음을 나누고 있다.
자신도 설교자로 빚어지는 과정이라고 하며, 함께 이 최고의 소명
을 잘 감당하도록 격려한다. 무엇보다 저자는 설교에 가장 영향을
미치는 것은, 설교자로서 하나님 앞에 합당하게 준비되는 것이라고
힘주어 말한다.

이 책은 2016년 목회멘토링사역원 주최로 열린 설교학교에서 저
자가 강의한 내용이다. 강의안을 바로 책으로 엮은 게 아니라 저자
가 다시 검토하고 수정, 보완해 출간했다. 저자의 강하고 부드러운
필력에 의해 술술 잘 읽힌다. 또한 설교학을 자신의 공부와 목회 경
험을 종합해 녹여내고 있어서 실제적이고 실천할 만한 내용이 가득
하다.

저자는 아리스토텔레스의 수사학에서 강조하는 에토스(인격과 영

성과 성품)와 파토스(감정과 정서) 그리고 로고스(말 혹은 논리)의 순서로 글을 짓고 있다. 고대에서 중요하게 여긴 수사학을 이용해 설교학을 종합적으로 풀어냈다. 책은 총 5부로 구성되어 있는데, 1부는 '설교와 설교자', 2부는 '에토스-설교자와 말씀 사이', 3부는 '파토스-설교자와 회중 사이', 4부는 '로고스-설교와 본문 사이', 5부는 '설교, 그 무거운 영예'로 마무리했다.

저자는 1부에서 설교를 잔소리, 만담, 선동, 연설이 아니라 복음, 선포, 당위, 순종, 사랑으로 풀어 정의한다. 실제 설교자가 회중을 존중하지 않고 자기 의로 가득하여 하나님을 두려워하지 않으면 설교는 잔소리와 선동이 되고, 이것을 교회의 목적과 자신의 목회를 위해 이용하게 된다. 그리고 저자는 이른바 '잘하는 설교'에 대해 설명하는데, 필자는 이 부분에 감동이 되었다.

우리는 설교를 잘해야만 교회와 성도가 살아난다는 효과적 개념으로 접근하기 쉽다. 그런데 저자는 복음이 신비이고 그리스도가 비밀이기 때문에 설교를 잘해야 한다고 한다. 교회 성장과 인간적인 이유가 아니라 성경적인 이유다. 복음과 그리스도는 그 어떤 언어로도 다 담아낼 수 없지만, 접하기 시작하면 더 알고 싶고 더 느끼고 싶고 더 배우고 따르고 싶어진다. 그렇기에 이 영원한 신비는 메마르지 않는 놀라운 샘의 근원이다.

그러고 보면 이 시대는 복음을 비밀이 아니라 비결로 여긴다. 복음을 자신의 욕망과 꿈을 이루는 수단과 도구로 삼는다. 복음은 자기 내면의 변화를 이루고 하나님의 형상을 닮게 만드는 비밀인데, 자기 외형의 변화를 이루고 사탄의 형상을 닮게 만드는 비결이 되고 말았다. 복음은 그리스도의 향기가 가득한 비밀인데 인간의 냄새가 가득한 비결이 되었다.

설교자의 인격이 설교의 품격

2부는 에토스로서 필자가 볼 때 저자가 강조하는 것은 설교자의 인격 형성이다. 실제 어떤 내용을 말하느냐보다 어떤 사람이 말하느냐가 중요하다. 그래서 저자는 거룩한 에토스를 위해 미덕과 실천적 지혜와 사심 없는 마음을, 진실한 설교자가 되기 위해 회개와 믿음과 성령을 설명한다. 로고스는 에토스가 빚어내는 열매이고 결과물이기에 아리스토텔레스도 이를 제일 처음에 세웠다. 저자도 그 순서에 동의한다.

필자 또한 이 부분이 제일 중요하다고 생각한다. 강의하고 설교하는 것은 어느 정도 지성인이면 해낼 수 있다. 그러나 설교와 목회는 학습만으로 되는 것이 아니라 믿음과 성령 안에서 이루어지는 것이고 하나님의 인도를 받는 것이기에 설교자는 그리스도께 붙어 있어야만 한다. 그는 성품과 인격이 기능과 능력보다 더 훌륭해야 하고, 그를 보는 이마다 그리스도의 존재가 생각나야 한다. 비밀을 전할 만한 자격과 깊이를 지니고 있어야 한다.

설교자로서 거룩하고 존귀한 신분으로 강단에 선 모습은 매력적인데, 설교자의 삶은 하나님을 떠나 있고 복음의 향기가 없으며 강단 밖에서는 죄와 함께 뒹굴고 있다면 성도들이 괴로울 것이다. 하나님은 이미 그를 버리셨을 것이다. 그렇기에 설교한다는 자체가 중요한 것이 아니라 설교자로서 매일매일 다듬어져야 한다. 하나님의 거룩한 뜻을 받들 만한 그릇이 되어야 한다. 물은 깨끗한데 그릇이 오염되어 있다면 더러운 물이 담긴다. 그래도 말씀에 능력이 있으니, 나를 통해 정결한 말씀이 나온다고 말하는 것은 자기기만이다. 성도와 하나님을 속이는 거짓말을 전하는 것이다.

설교자는 진실하고 치유된 사람

3부는 파토스로서 공감적 설교자로 자라가는 여정을 말한다. 조나단 에드워즈는 "하나님께서 교회에 설교의 수단을 허락하신 것은 그것이 가장 복음을 효과적으로 드러내는 방법이기 때문"이라고 말했다. 저자 또한 이것에 동의하며 공감으로 회중을 이해시키며 말씀을 선포하기를 권면한다. 설교자의 내면은 그대로 회중에게 전달되기에 그는 아픔과 상처가 복음으로 치유된 사람이어야 한다.

이 부분에서 필자가 떠올린 현실은, 우리 사역 현장에 아픔과 상처가 있는 사역자가 많다는 것이다. 설교자로서 먼저 하나님의 사랑으로 치유받고 회복되지 못한 채 괴로움을 품은 그대로 섬기는 자들이 있다. 그로 인해 분노와 열등감과 감정이 조절되지 못하는 일이 발생하고, 회중을 불안하게 만들며, 동역자들 간에도 멀어지는 일이 발생한다. 말씀 맡은 자가 먼저 놀라운 사랑으로 치유되어야 하는데 정서적으로 망가진 자가 섬기니 파토스가 일어나지 않는다.

또한 설교자는 선동가가 아니다. 교회의 어떤 목적을 위해 회중의 감정을 이용하면 안 된다. 우리의 역사를 보면 선동하는 말쟁이가 많았다는 것을 부인할 수 없다. 교회의 목적을 위해 성도의 감정을 조정하고 이용하는 일이 있었다. 당장은 효과적일지 몰라도, 진정한 변화와 공감을 얻을 수 없는 벽을 쌓는 일이다. 그래서 설교자는 수시로 자신을 돌보아 매너리즘에 빠지지 않고 복음의 파토스와 말씀의 열정을 점검해야 한다. 마음의 방향 또한 늘 낮은 곳으로 향해야 한다.

4부는 로고스로서 본문 연구와 묵상 그리고 설교 구상과 구성에 관한 내용이다. 저자는 연구와 묵상 전에 성경 본문에 대한 존중심을 회복해야 한다고 강조한다. 실제 성경에 대한 태도는 설교의 무게와 품격과 권위에 반영된다. 그래서 설교자는 말씀에 대한 경외심을 가지고 연구하고 해석해야 한다. 본문에 질식당하지 않고 그 본문이 말하도록 경청해야 한다. 본문에 칼날을 대기 전에 자신을 향하는 칼날을 보아야 한다.

여기서 저자는 설교 준비에서부터 설교 유형과 작성, 묵상과 선포까지 다 나열하지 못할 정도로 실제적인 내용을 상세하게 다루고 있다. 말씀 연구의 중요성은 아무리 강조해도 지나치지 않다. 로이드 존스는 설교를 '불타는 논리'라고 했다. 논리는 선명한 본문과 신학이다. 그리고 논리에 불이 잘 붙도록 주제, 통일성, 비율, 순서, 움직임이 적절해야 한다. 즉, 설교 준비는 마음에 불이 잘 붙는 장작을 준비하는 것이다.

필자의 경험상 하루 만에 준비하는 설교는 준비하는 것도 전하는 것도 힘들었다. 반대로 며칠을 두고 충분히 묵상하고 정리하여 준비한 설교는 느낌 자체가 다르다. 저자 또한 샘을 파듯이 음식을 발효하듯이 문을 두드리듯이 시간을 두고 준비하라고 권면한다. 본문은 하나님의 뜻이 풍성한데 설교가 지루한 까닭은, 설교자의 준비 부족 때문이다. 그래서 로고스는 말씀 자체를 존중하며 충분히 생각하고 부단히 다듬어 새롭게 들리도록 준비해야 한다.

설교자, 그는

필자는 말씀을 전하고 나면 늘 후회가 밀려온다. 엘리의 아들들은 타락했지만 에봇을 입고 성소를 섬기던 사무엘은 점점 자라갔고 하나님은 그를 사용하셔서 이스라엘의 회복과 구원을 이루셨다. 말씀을 준비하고 전하는 설교자로서 하나님의 지식과 믿음과 인격에서 자라고 있는지 긴장하며 점검해야 한다.

설교자 자신이 먼저 하나님 안에서 자라가는 사람이다. 그의 거룩이 자라고 하나님을 향한 사랑과 복음의 열정이 커가야 하며 존재 자체가 확장되어야 한다. 그의 성장은 자연스럽게 교회의 성숙과 성도의 변화로 이어지니, 그를 통해 공동체에 맡겨진 약속의 말씀이 자라고 하나님의 언약이 펼쳐진다. 그런 회심과 변화와 성숙이 없고, 교회와 성도가 황폐한 사막이 된다면 이는 전적으로 설교자의 책임이다.

설교자, 두렵고 떨리는 자리다. 세상의 모든 직업은 동등하고 차별 없이 귀하다. 그러나 영혼을 깨우고 새로운 생명을 전하는 자리만큼 복 되고 영광스러운 직분이 어디 있겠는가? 두려움과 영광이 공존하는 자리가 설교자의 자리다. 강단에 서기 전에 하나님을 깊이 만난 존재적 체험이 있어야 하고 받은 말씀이 있어야 한다. 설교자, 그는 거룩한 하나님 심정의 통로다.

《존 스토트의 설교》, 존 스토트, 그레그 샤프 글, 박지우 옮김, IVP

#설교원리 #설교의영광 #설교준비 #교회사 #설교자의교과서

설교자의 자세

매년 설교에 관한 책을 두 권 이상 꼭 읽는다. 나의 부르심을 잊지 않기 위함이고 강단이 얼마나 중요한지 새롭게 기억하기 위해서다. 새해를 시작하면서 마음을 다잡기 위해 《존 스토트의 설교》를 펼쳤다. 역시 설교자의 영광이 얼마나 복되고 영광스러운지 깨닫게 된다. 무엇보다 존 스토트가 강조하는 성경과 현실 사이를 다리 놓으려는 그의 균형감이 마음에 와닿는다.

개혁주의자의 설교관과 다른 그만의 특징과 장점이 있다. 존 스토트는 세상의 문제와 아픔 그리고 현대인의 고민을 지나치지 않고 성경적 대안을 제시한다. 설교는 선포이기도 하지만 가르침이기에 성경적 생각과 방법이 내포돼 있어야 한다. 어쩌면 존 스토트와 로이드 존스가 갈라지게 된 결정적인 지점이 여기라고 할 수 있다. 존 스토트는 세상을 포용하고 함께 가려는 넓은 마음이 있었고, 로이드 존스는 복음에 더 집중하려는 마음이 있었다. 서로의 방향이 달랐다고 본다.

존 스토트는 성경과 세상 사이에 다리 놓기를 강조하지만, 설교자의 연구와 임무를 그에 못지않게 강조한다. 설교자는 말씀을 맡은 자이기에 먼저 연구하고 이해하지 않으면 선포할 수 없고 가르칠 수 없다. 준비되지 않은 설교는 하나님을 모욕하고 성도를 업신여기며 강단을 우습게 생각하는 것과 같다. 그래서 즉흥적인 설교란 있을 수 없다. 충분히 준비하고 갖춘 자만이 하나님의 손에 붙들려 쓰임받을 수 있다.

전할 메시지를 받아야 한다

과연 교회는 설교를 신뢰하는가? 설교가 약해지는 이유가 무엇일까? 이 시대는 설교를 연설, 선동, 강연 정도로 생각하는 경향이 있다. 설교의 영광과 능력이 희귀하다. 모든 권위를 부정하는 시대에 사람들은 강단에서의 설교의 권위 또한 깎아내리고 단지 사람의 말로 여긴다. 교회가 욕을 먹고 수치를 당하는 사회에서 설교는 하늘의 음성으로 간주되기보다 거짓말로 들려진다.

이런 배경에서 필자가 볼 때 스토트가 가장 강조한 것은 설교자의 연구다. 설교자는 말씀을 대신 받아서 전달하는 전령이고 청지기이며 확성기다. 그러니 하나님의 자기 계시인 성경을 통해 하나님에 대한 지식으로 가득해야 하고, 하나님이 이 시대와 우리에게 무엇을 원하는지 전할 말씀을 먼저 받아야 한다. 설교가 힘이 없는 것은 전할 메시지를 받지 못했기 때문이다.

하나님은 설교자에게 자신의 교회와 양들을 위해 분명한 메시지를 주신다. 그러나 그것을 듣지 못하고 깨닫지 못한 채로 강단에 서기 때문에 하나님의 음성으로 선포되지 못하는 것이다. 단순히 여러 자료를 참고하고 좋은 자료를 기억해 두었다가 추가하는 것으로는 설교가 이루어지지 않는다. 하나님께서 주신 메시지에 대한 확신과 하나님을 대신하여 전한다는 권위를 가지고 선포해야 한다.

이에 우리는 얼마나 하나님이 주신 말씀이라고 선포하고 있는지 돌아보게 된다. 내 순서가 되었기에 어쩔 수 없이 올라가 벌거벗은 채로 발설하고 힘없이 내려오는 경우가 많다. 하나님은 분명히 자기 양들을 위한 양식을 준비하셨는데 그것을 제대로 받아 전하지 못한 설교자의 잘못이 크다. 오늘 우리는 내가 전하기 전에 하나님이 전하게 하시려는 말씀을 반드시 받아야 한다. 강단은 바로 그 말씀을 대신 전하고 선포하는 곳이다.

본문을 깊이 연구해야 한다

설교가 약한 또 하나의 원인은 본문을 연구하고 깊이 체험하고 변화된 흔적 없이 설교하기 때문이다. 성경은 분명히 기록된 계시로 오늘날에도 하나님은 이를 통해 끊임없이 말씀하신다. 그래서 설교자는 성경과 세상과의 가교 구실을 잘 감당해야 한다. 설교자가 본문 연구와 설교 작성을 위해 얼마나 시간을 들이고 있는지 점검해야 한다. 나를 죽이고 변화시킨 설교가 능력이 있고 생명이 있는 법인데 그런 준비도 없고 변화도 없다면 울리는 꽹과리일 뿐이다.

한 편의 설교 준비는 은혜롭고 기쁘고 즐거운 것이다. 그러나 바쁜 일정과 비본질적인 교회 사역으로 이를 놓치고 있다면 교회의 방향과 사역을 재조정해야 한다. 깊이 있는 말씀 연구와 나를 찔러 쪼개는 변화 없이 강단에 서고 있다면 하던 일들을 멈추고 사역과 설교를 점검해야 한다. 여러 사역을 하고 바쁘게 움직이다가 어쩌다 한 번 은혜 주시는 것만으로 이어갈 수는 없다.

교회는 기본적으로 일을 하는 곳이 아니라 말씀을 중심으로 움직이는 곳이다. 모든 사역의 원리는 성경 중심이어야 한다. 설교를 통해 회심과 변화와 회복이 일어나지 않고 형식적인 시스템으로만 움직이고 있다면 교회는 무능해질 수밖에 없다. 그러기에 모든 교회는 교회의 방향과 운영이 어디에 집중하고 있는지 점검해야 하고 은혜로운 설교가 선포되도록 배려와 여건을 마련해야 한다.

설교자는 먼저 말씀을 통과하고 체험한 흔적이 있어야 한다. 강단에 서기 전에 충분히 준비하고 그 시간에 감격이 있어야 한다. 그것이 없다면 무기력하고 무능력한 종이 될 것이다. 배우고 연구하지 않는 설교자는 가르치기를 그만두어야 한다. 서재에서 뿌린 눈물만큼 강단에서 기쁨으로 단을 거둘 수 있다. 설교자에게는 설교하는 자체가 중요한 것이 아니라, 설교할 말씀으로 인한 준비와 체험이 중요하다.

설교를 신뢰하는가

이 책의 원제는 "나는 설교를 믿습니다"이다. 오늘날 설교를 믿는 성도는 얼마나 될까? 목회자마저 설교로는 사람을 변화시킬 수 없다고 생각한다면 교회는 재앙에 빠지지 않을까? 물론 사람이 다른 것으로도 감동하고 변화할 수 있다고 생각한다. 그러나 심령의 변화와 영혼의 거듭남과 회심은 살아계신 하나님 말씀 사역으로 나타나는 것이다. 복음의 능력은 설교를 통해 실현되어 하나님의 영광으로 올려진다.

존 스토트는 설교의 능력과 역할을 확신했다. 물론 설교가 상품처럼 소비되고 우상처럼 여겨지는 현상은 거부하고 조심해야 한다. 교회가 설교 지상주의에만 빠져서는 안 될 것이고 설교자의 인기로 교인들이 모여서도 안 될 것이다. 하지만 오늘날처럼 설교를 믿지 못하고 설교가 거짓말처럼 들리고 무능하게 내리막길로 치닫는 시대에는 설교가 우선 회복되어야 한다.

'설교는 사람의 말인가 하나님의 말인가'라는 질문에 후자라고 답하면서도 내심 전자로 여기는 사람이 많다. 그러나 성경에는 설교가 하나님의 말씀임을 깊이 상고하여 주님의 말씀으로 받은 교회들이 있다. 설교는 초대교회부터 교회를 세우고 풍성하게 하는 주님의 도구였다. 설교는 사람의 말이 아닌, 하나님의 말씀이다. 이 책을 통해 설교의 영광을 묵상하며 하나님의 말씀으로 믿는다고 고백하는 사람이 무수히 일어나길 소망한다.

《설교를 말하다》, 이규현, 두란노

#교회강단   #말씀묵상   #은혜받는설교   #성도와의교감   #시대정신

교회의 위기는 설교의 위기

이규현 목사의 목회론에 이어 설교론을 펼쳤다. 한 설교자가 들려주는 설교에 대한 개념과 정의들은 말씀을 전하는 설교자에게 뼈와 살이 된다. 이 책은 그동안 그가 설교자와 설교에 대해 어떻게 생각하고 무엇을 준비하고 전했는지 그의 목회와 삶을 녹여서 전해준다. 목회론을 보면서도 느꼈는데, 그는 평범한 대형 교회 목사라기보다 완숙한 경지에 이르러 자신의 사상을 전하고 사람을 키우는 거목이란 생각이 든다.

이규현 목사는 현시대를 정확히 파악하고 이해하는 분이다. 그는 성도들이 자신이 등록한 교회에 나오지만 다른 설교자의 설교를 들으며 은혜를 받고 있는 것을 알고 있다. 성도들이 온라인 쇼핑몰에서 물건을 고르듯 설교를 소비하는 것도 인식하고 있다. 그러기에 설교자는 본인의 교회와 성도를 위해 해산의 수고를 아끼지 않아야 한다고 역설한다. 자신의 설교로 은혜받지 못한다면 그 원인과 문제를 철저히 분석할 것을 경고한다.

책을 보면 이런 내용이 있다. "성도들이 어떤 태도로 말씀을 듣고 있는지 영상을 통해 확인해 봐야 한다." 과연 이 말대로 예배 후에 녹화된 영상으로 성도들의 모습을 정확하게 파악하는 대담한 설교자가 몇 명이나 될까? 졸고 있는 사람도 있을 것이고, 멍때리는 교인도 있을 것이고, 스마트폰에 집중하는 사람도 발견할 것이다. 반면에 설교에 집중하고 은혜를 받는 성도도 있을 것이다.

그는 "교회의 위기는 설교의 위기"라고 한다. 설교의 위기가 된 것에는 여러 이유가 있겠지만 일차적으로 설교자 자신이 설교에 모든 것을 쏟아붓지 못하기 때문이라고 한다. 그러고 보면 요즘 목회자는 묵상가와 설교자의 이미지보다 활동가와 기획자의 이미지가 더 그려지니 필자는 그의 진단에 고개가 끄덕여진다. 말씀 목회에 전념하기보다 그 외적인 것에 최선을 다하는 우리의 모습을 반성한다.

필자는 그의 설교론을 보며 여러 논점을 말할 수 있겠지만 세 가지로 정리해 보았다. 먼저 이규현 목사는 철저히 본문 중심의 설교를 고수한다. 우리는 설교자의 성향, 지식, 성격, 관심이 다르기에 전달자의 개성을 존중한다. 한편으로 설교자가 무슨 말을 어디서 어떻게 끄집어내는지 살펴야 하고 왜 그 말을 하는지도 알아야 한다. 요즘 성도들은 지식과 수준이 높아서 설교자의 의도를 정확히 파악한다.

저자는 월트 브루그만의 책 《텍스트가 설교하게 하라》는 표현을 자주 인용한다. 그만큼 설교자가 무엇에 집중해야 하는지 강조하는 것이다. 본문의 비경으로 들어가지 못한 설교자는 회중을 같은 세계 속으로 끌고 들어갈 수 없다. 회중은 설교자가 하나님을 만난 깊은 흔적을 가지고 하늘로부터 받은 말씀을 전하는지, 준비 없이 말장난 하는지, 교회의 목적을 위해 선동하는지, 자신이 하고 싶은 말을 하는지 안다. 회중은 설교자로부터 본문을 듣고 싶어 한다.

회중이 교회에 올 때 핸드폰으로 다른 교회의 설교를 듣고 오는 것을 누가 막을 수 있겠는가. 그리고 그 이유가 본 교회의 설교자를 통해 은혜를 못 받기 때문이라면 누가 뭐라 할 수 있을까. 무책임한 설교는 본문을 무시하고 가리는 것이다. 물론 교회의 상황과 성도의 필요와 청중의 대상에 따라 주제 설교를 할 수 있다. 그러나 그것도 본문이 사라진 내용이라면 청중은 받아들이기 어려울 것이다. 본문을 다루어야 집중력과 흐름이 생긴다. 본문이 빠진 설교는 힘없는 말 잔치가 될 가능성이 높다.

말씀과 씨름하라

요즘처럼 말씀 연구와 공부를 할 수 있는 여건이 좋은 시절이 없다. 자신이 전하고자 하는 말씀에 관심을 기울이면 다양한 통로로 도움을 받을 수 있다. 이상한 설교도 많지만 훌륭한 설교도 있기에 추천받아 듣고 읽으며 은혜받을 수 있다. 유익한 설교집도 많기에 참고하기도 쉽다. 그러나 설교자가 먼저 본문에 젖어 있어야 한다. 이차적인 자료들로 준비하는 것은 오래가지 못한다.

저자는 설교자에게 설교를 어떻게 준비하는지 점검하라고 한다. 자료만 참고하고 남의 것을 복사해서 전하는 것에 익숙해지면 담임이 되어서도 그렇게 말씀을 전하게 된다. 다른 이들의 설교의 능력을 가져다 쓰는 데 익숙해지기 때문이다. 이런 습관은 고치기 힘들어도 빨리 고칠 것을 요청한다. 표절 논란이 일어나기도 한다. 유진 피터슨은 "분주함은 배교적 행위"라고 했다. 저자 또한 그의 말에 동의하고, 필자도 크게 공감하는 바이다.

요즘 목회자에게 설교자의 이미지를 찾기가 쉽지 않다. 무엇인가를 기획하고 프로젝트를 수행하며 사람들의 마음에 동기부여 하는 것에 골몰한다. 1990~2000년에 유행한 신학이 지금도 여전히 인기 있는 교회의 모습이라 여긴다. 그때 교회가 기업의 이미지로 성장했기에 거구가 된 교회의 모습이 시대를 압도하는 것으로 착각하여 지금도 그런 교회를 꿈꾸는 것 같다.

목회자는 설교자가 되어야 한다. 기업가 이미지는 목회자가 가져야 할 이미지가 아니다. 목회자는 하늘의 소리를 전하는 자이기에 청중이 세상의 소리를 따라가지 않고 목자의 소리로 하나님을 따라가도록 도와야 한다. 이를 위해 목회자는 본문과 치열하게 씨름해야 한다. 이것이 목회자가 수행해야 할 영적전쟁이다. 현란하고 혼란한 세상에서 성도가 하나님의 음성을 듣도록 강단에서부터 이 전쟁에 대한 승리를 선포할 수 있어야 한다.

저자는 말한다. "성도를 향한 최고의 심방과 섬김과 사랑은 설교다." 이 말에 저마다 다르게 반응할 수 있지만, 필자는 저자의 의견에 동의한다. 성도는 목회자에게 인간적인 도움과 위로를 원하는 게 아니다. 성도는 하나님과의 친밀한 만남을 원하고 하나님의 뜻을 간절히 구하는 자들이다. 저자는 야곱이 씨름한 것처럼 목회자가 말씀과 철저히 씨름할 것을 요청한다. 설교를 위해 투자하고 연구하고 묵상한 만큼 결과물이 나오기 때문이다.

그의 목회론에도 나오지만 목회자는 고독한 시간으로 자신을 밀어 넣어야 하고 혼자만의 시간을 충분히 확보해야 한다. 저자는 말만 그렇게 하는 사람이 아니다. 책을 보면 실제로 그렇게 살고 있고 그 시간을 즐기고 있다고 한다. 몸이 설교를 위한 삶으로 습관화되어 있고, 연구와 묵상도 설교를 위해 집중하고 있다. 입술이 아니라 행동으로 보이는 그의 설교를 위한 씨름과 가르침이 본보기가 된다.

시대를 연구하고 청중과 교감하라

본 책은 이미 언급했듯이 설교에 대한 저자의 이론과 준비와 태도와 마음가짐에 관한 유익한 내용이 많다. 그리고 하나를 더 제시한다면 청중에 대한 이해이다. 저자는 청중을 향해 그리스도와 하나님 나라를 전해야 한다고 누누이 강조한다. 또한 청중이 누구이고 그가 어떻게 살고 있는지 그들의 관심이 어디에 있는지 파악해야 한다고 한다. 그런 이해 없이 설교하면 아무리 좋은 내용이라도 허공을 치고 역사가 일어나지 않기 때문이다.

필자는 이 글을 쓰기 전에 저자의 설교 세 편을 들어보았다. 여러 장점을 말할 수 있지만 세 편을 통해 느낀 점은 크게 두 가지인데,

하나는 분석적이라는 것이다. 본문의 분석이 철저하고 시대의 분석이 예리하다. 시대 정신과 사조와 흐름이 어떠한지 청중이 어떤 문화에 살고 있는지 항상 공부하는 자세를 유지한다. 흐르는 물에 떠밀려 가고 있는 자들에게 물살을 거슬러 올라가야 한다는 방향성을 면밀한 연구를 통해 제시하고 있다.

또 하나는 청중을 이해하고 청중과 교감한다는 것이다. 이제는 목회자가 강단에 섰다는 것만으로 은혜받는 시대는 사라졌다. 그 권위 하나만으로 설교하고 영혼을 섬겨서도 안 된다. 목사라는 직분이 우스워지는 이유는 그 직분에 걸맞은 의무를 행하지 않으면서 권리를 요구하기 때문이다. 하나님이 세우신 종이라는 직분의 특별함은 내가 강조할 것이 아니라 청중으로부터 들려져야 한다.

저자는 청중과 소통하고 교감하는 설교를 중요시한다. 그런 설교에는 저절로 아멘이 터진다. 호응을 유도하는 설교가 아니라 청중이 공감하면서 그 말씀에 마음이 움직이는 것을 느낄 수 있다. 내가 담임이라는 이유로 강단에서 아멘과 변화와 헌신을 강요하는 분위기가 일반화되어 있는데 저자에게는 그런 모습을 볼 수 없다. 오히려 순종하고자 하는 마음이 흘러넘쳐 전달되도록 집중한다. 개인적으로는 설교자가 강조하고 싶은 것을 부각하면 좋겠다는 인상도 있지만, 저자는 부러 그렇게 외치지 않는다. 그 이유를 이 책에서 발견할 수 있다.

설교는 도박이 아니다

강단에 선다고 능력이 나타나지 않는다. 설교는 도박이 아니다. 설교를 위해 분투하고 말씀을 준비하고 묵상하지 않으니 성령님이 역사해 달라고 기도하지만 응답이 없다. 내가 열심과 열정과 정성을 다할 때 성령님은 그 진실함과 정직함을 외면하지 않으신다. 이기적인 마음과 어긋난 마음으로 성령님의 역사를 구하는 것은 하나님의 영을 속이는 행위다.

저자는 말한다. "설교를 쉽게 하지 마라." 요즘은 마음만 먹으면 설교를 쉽게 준비할 수 있다. 그러나 그런 설교는 능력이 없고 은혜가 되지 않는다. 인스턴트식품이 순간의 맛을 주어도 뼈와 살의 형성에 도움이 안 되고 오히려 병을 유발하는 것처럼 인스턴트 설교는 사람의 영혼을 상하게 한다. 은혜로 풍성하게 젖고 하나님 나라가 그려지는 말씀인가? 전자렌지로 만들어진 설교가 우리의 영혼과 교회에 무슨 유익이 있겠는가.

설교로 도박하면 안 된다. 준비 안 된 모습으로 올라가도 어쩌다 한 번은 특별한 은혜를 주실 수 있다. 우리는 이를 하나님이 설교자를 불쌍히 여기셔서 말씀의 흔적을 가지고 서라는 경고로 받아들여야 한다. 많은 경우 눈물로 준비하고 엎드린 만큼 하나님이 길을 여시고 은혜를 부어 주신다. 설교 한 방으로 모든 것이 해결되지 않는다. 설교자의 부단한 성실함과 진실함이 성도에게 전달되는 것이다.

《헤르만 바빙크의 설교론》, 헤르만 바빙크 글,
제임스 에글린턴 엮음, 신호섭 옮김, 다함

#설교교과서　#신학자의설교　#개혁주의　#오늘날교회　#존경받는설교자

설교의 교과서

20세기 최고의 신학자로 칭송받는 헤르만 바빙크(1854~1921)의 설교론을 읽을 수 있다는 것은 이 시대의 설교자들에게 큰 축복이다. 필자는 책을 덮고 그의 '웅변술'과 '설교와 예배'를 재독한 후 글을 쓰려고 한다. 더 깊은 감동을 담아 쓰고 싶다는 생각이 들 만큼 설교와 설교자에 대한 그의 글은 훌륭한 교과서다. 그에게 더 풍성하고 방대한 설교론을 듣지 못한다는 것이 아쉬울 따름이다.

많은 사람이 바빙크를 그의 대작《개혁교의학 개요》때문에 조직신학자로 인식해 설교와는 거리가 있는 사람으로 생각한다. 그러나 신학이 설교의 선포와 설교의 명료함을 위한 것임을 감안하면, 바빙크는 하나님의 말씀에 따라 설교할 준비가 충만한 신학자다. 실제 바빙크는 26세에 첫 설교를 했고 그 후 42년간 여러 곳에서 하나님의 말씀을 전한 설교자로 살아왔다.

그러나 원고 없이 설교하는 그의 특징 때문에 현존하는 설교 원고는 단 편만 남아 있고(이 책에 그 원고가 담겨 있다), 그 외에 설교와 관련된 글은 저술하지 않아서 그의 설교론을 하나의 체계로 구성하는 것은 어려운 일이다. 그러나 제임스 에글린턴은 '바빙크 전기'와 그의 '웅변술'과 그의 '유일한 설교', '설교와 예배' 그리고 '미국의 설교에 관하여'라는 글을 묶어서《Herman Bavinck on Preaching & Preacher》로 출판했고, 이것을 신호섭 목사가《헤르만 바빙크의 설교론》으로 번역했다.

위대한 신학자요 권위자로부터 듣는 설교와 설교자에 대한 글을 읽으며 나의 설교와 설교자로서 모습을 돌아본다. 역자는 번역하는 내내 머리는 냉철해지고 가슴은 뜨거워졌다고 했는데 나 또한 그러한 감격과 감동이 있었다. 필자는 해마다 설교자로서의 사명과 본분을 망각하지 않으려고 설교에 대한 책을 읽는데 바빙크의 책은 식은 가슴을 뜨겁게 하고 혼탁해지는 이성을 선명하게 한다.

필자가 좋아하는 설교에 관한 책을 꼽으라면 마틴 로이드 존스의 《설교와 설교자》, 존 스토트의 《존 스토트의 설교》, 김남준 목사의 《설교자는 불꽃처럼 타올라야 한다》, 김영봉 목사의 《설교자의 일주일》을 꼽는다. 놀라운 것은 이 책들이 말하는 중요한 특징인 설교, 언어, 본질, 형식 등에 대한 내용이 헤르만 바빙크의 이 작은 책에 모두 담겨 있다는 것이다. 바빙크가 가진 설교와 신학을 후대의 저자들이 녹여낸 것처럼 보이기도 했다.

설교의 생명

개인적으로 바빙크의 글과 김남준 목사의 글이 연결되어 있다는 생각이 든다. 두 사람의 공통된 특징은 설교자는 가슴에 담긴 것을 말해야 한다는 것이다. 그가 말하는 것이 그 사람을 보여 주는 것이다. 아는 만큼 말하고 경험한 만큼 전달하는 것이 설교자의 한계다. 사람의 마음을 미혹하고 아첨하는 많은 강단꾼이 화려한 수사로 거짓된 것을 진리로 포장한다. 그러나 결국 사람을 변화시키는 것은 진리이며 이 진리가 설교자의 가슴에 가득해야 한다.

설교자는 진리로 변화된 사람이고 진리를 전하는 자이며 진리를 지키는 자다. 하나님의 말씀을 전하기 위해서는 하나님의 지식을 풍성하게 알아야 하고 그것이 내면에 가득 차 있어야 한다. 하나님을 만나고 그리스도를 경험한 자만이 성령의 능력으로 설교할 수 있다. 그렇다면 과연 현대의 설교자는 하나님을 얼마나 알고, 하나님의 지식을 얼마나 사모하는가. 우리는 묻지 않을 수 없다.

말하기 위해서 사는 자가 있고 말하지 않으면 견딜 수 없는 자가 있다. 설교자는 전자가 아니라 후자에 속한다. 전자는 밥벌이를 위한 직업이고 의무와 형식이라면, 후자는 본질과 사명이고 소명이다. 마음에 감동된 것을 전해야 하고 내가 받아 깨닫고 변화되길 원하는 것을 선포해야 한다. 예레미야는 가슴에 사무치는 것을 전하기 위한 불붙는 마음이 있었고, 아모스는 사자처럼 선포했으며, 에스겔은 목숨의 위협마저 감내했고, 바울은 생명을 걸고 전했다.

이렇듯 설교자에게는 자신에게 먼저 충격과 변화를 준 하나님의 말씀이 있어야 한다. 이른바 하나님께 받은 것이 있어야 한다. 내가 말하는 것이 내가 누구이고 어떤 설교자인지를 보여 준다. 공허한 채로 전하는 설교자가 되어서는 안 되고 감동 없이 전하는 전달자가 되어서도 안 된다. 언어는 정신과 사상과 마음의 거울이다. 우리의 언어가 무엇을 담고 있는지 점검해야 한다. 설교자라면 내 언어가 무엇을 말하고 지향하고 있는지 끊임없이 물어야 한다. 내 속에 무엇이 역사하는지 말할 수 있어야 한다.

설교의 타락

바빙크의 설교론을 보며 로이드 존스가 언급한 시대의 특징과 설교의 몰락을 엿볼 수 있다. 시대가 바쁘게 돌아가며 세상은 재미있고 흥미로운 것을 원하는데 교회 또한 그러한 세속의 물결을 받아들여 설교가 무능력해졌고 현대성을 띠게 되었다고 비판한다. 설교는 성도의 영혼을 하나님 앞에 세워 잠자던 영혼을 각성하는 것이다. 루터의 표현대로 영혼의 확성기로 사용되는 것이 하나님의 말씀인 설교다.

그러나 현대 교회는 설교가 허약해져 30분도 견디기 힘들어하는 지루한 시간으로 전락했다. 어디서부터 설교의 능력이 약화됐고 설교의 감화가 사라졌는지 정직하게 돌아봐야 한다. 시대의 문화와 변화를 무조건 수용하고 모든 사람의 수준에 맞추는 것이 설교가 아니다. 시대의 문화와 변화를 분별하고 설교를 들을 수 있는 사람으로 변화시켜야 설교의 위치가 역전되지 않는다.

우리 시대는 설교를 기대하지 않고 간절히 갈망하지 않는다. 이런 현상은 자연스럽게 예배 시간을 아까워하고 그 시간에 자기 필요를 채우는 성도를 양성한다. 교인들은 설교를 하나님의 말씀으로 받지 않고 설교자를 향한 존중과 감사도 사라졌다. 이러한 책임은 일차적으로 설교자에게 있다. 설교의 영광과 설교자로서 부여된 막중한 사명을 생각한다면 다른 것으로 교회를 채우고 이끌기보다 설교에 모든 것을 걸어야 한다. 그러나 현실은 본질은 사라지고 비본질적인 것들이 교회를 채우고 있다.

설교의 몰락은 강단의 몰락이고 교회의 몰락이다. 하나님은 설교라는 도구로 교회를 세우고 이끌어가길 원하신다. 다른 도구들로 교회를 섬기려는 생각은 교만이고 직무 유기다. 강단이 우스워지고 경박해지며 선동을 일삼고 도덕의 수준으로 떨어지면 교회는 질식하고 성도는 생명력을 잃으며 하나님의 임재는 사라진다. 설교가 시대의 눈높이를 맞추는 것이 아니라, 설교가 시대의 눈높이를 조정해야 한다. 인간이 전하고 싶은 설교가 아니라 하나님이 전하고 싶은 설교, 인간이 듣기 원하는 설교가 아니라 인간이 들어야 하는 설교가 되어야 한다.

성경을 설교하라

바빙크의 설교론을 읽으며 존 스토트가 주장하는 성경의 권위와 성경의 주제가 연결되는 점을 보았다. 두 사람 다 성경은 하나님의 말씀이고 삼위 하나님의 계시이며 구속의 드라마라고 확신한다. 그러기에 설교자는 성경을 부지런히 연구하고 겸손한 마음으로 성경을 읽어야 한다. 하나님의 모든 보화가 담겨 있어서 성도를 부요하게 하는 성경이 설교하게 해야 한다.

성경은 나의 목적을 이루기 위한 도구가 아니다. 설교자는 성경으로 자신이 꿈꾸는 교회를 전하는 것이 아니라 성경이 꿈꾸고 지향하는 교회를 고민해야 한다. 내가 좋아하는 교회를 위해 성경을 찾아서 전하는 것은 성경을 나에게 맞추는 것이고 내가 주권자와 주도자가 되는 것이다. 교회가 성경의 지배를 받고 인도받아야 한다. 효율과 성과라는 허울로 한 사람의 생각에 지배를 받는 것은 아닌지 현대 교회는 점검해야 한다.

성도 또한 성경을 통해 성공의 처세술과 대인관계의 방법과 인생상담을 듣기 원하는 것이 아니다. 참된 성도는 성경을 통해 말씀하신 하나님을 만나기 원하고 성경이 전하는 바를 듣기 원한다. 성경은 우리가 욕망하는 바를 다 이루게 해주고 우리 외형의 변화를 선사하는 자기계발서가 아니다. 성경은 그리스도의 비밀로서 나의 욕망을 제어하고 나의 내면에 변화를 가져다주는 말씀의 기록이다. 성경이 비결이 아니라 비밀이라는 것은 성경에 다가가는 설교자의 접근을 다르게 한다.

오늘날 설교자는 성경의 권위를 인정하고 부지런히 연구하여 하나님의 심정을 담아내고 있는가? 교회는 성경에 절대 우위를 두고 모든 사역을 성경의 가치관에 따라 움직이는가? 성경을 보면 삼위 하나님의 존재와 사역이 찬란하게 빛나는 것을 알 수 있다. 우리의 설교는 그러한 성경의 사상에 따라야 한다. 성경이 말하는 것만 말하고 성경이 보여 주는 것만 전하겠다는 결단이 있어야 한다. 우리의 설교는 인위적인 것이 아니라 그리스도의 향기가 가득한 것이 되어야 한다.

설교자의 인격

바빙크의 설교론에서 김영봉 목사가 강조한 인격의 변화와 인격 형성을 읽을 수 있다. 두 사람 다 설교자는 설교하는 것이 중요한 것이 아니라 설교하는 자가 온전해야 한다는 것을 언급한다. 실제 설교는 어느 정도 지식이 있는 사람이라면 배우고 연습하고 훈련해서 감당할 수 있다. 학습된 무당이 있는 것처럼 설교 또한 학습하여 훌륭한 전달자가 될 수 있다. 그러나 반드시 기억해야 할 것은 어떤 내용을 말하느냐도 중요하지만 누가 말하느냐가 더 중요하다는 사실이다. 설교의 질 나아가 교회의 생명력을 결정하기 때문이다.

그리스도를 경험하지 않고 설교하는 이들이 있다. 하나님의 비밀이 아니라 세상의 비결을 선포하면서 자신은 설교를 잘한다고 믿는다. 말씀을 들고 강단에 섰다는 것이 무조건 하나님의 은혜가 폭포수처럼 쏟아지는 것을 보장하지 않는다. 종교 사기꾼과 거짓 교사들은 자신이 강단에만 서면 하나님의 능력이 나타나고 성령님이 역사하신다고 믿는다. 그러나 하나님의 설교자는 강단의 무게와 영광으로 인해 혹시 자신 때문에 말씀이 막히고 하나님의 영광이 가려지지 않는지 두려움으로 강단을 섬긴다.

설교자의 인격은 강단과 교회와 가정과 이웃과 사회에서 동일하게 나타나야 한다. 강단에 설 때와 강단 밖에서의 모습이 일치해야 한다. 하나님의 말씀은 교회에서뿐만 아니라 사회에서도 동일하게 적용해야 하기에 설교자의 인격은 변함없이 그리스도에게 붙들려 있어야 한다. 설교 사역이 인간의 지식과 훈련으로 되는 것이 아니라 믿음과 성령 안에서 이루어지는 것이기에 그의 인격은 그리스도 안에서 항상 다듬어져야 한다.

설교자의 인격은 하나님의 말씀을 받드는 그릇이다. 맛있는 밥과 음식이 있지만 그것을 담고 있는 그릇이 더럽고 오염되어 있다면 아무도 먹지 않는다. 설교자라는 타이틀로 하나님의 말씀이 주어지는 것이 아니라 거룩한 인격을 통해 하나님의 말씀이 전달된다. 오늘날 설교자의 인격이 어떠한지 점검해 본다. 나부터 그리스도의 십자가를 지고 있는지 설교행위를 하는지 설교 사역을 하는지 질문해 본다.

하나님과 깊은 만남이 있는 설교자

끝으로 설교자는 아무나 할 수 있는 것도 아니고 내가 원해서 되는 것도 아니다. 하나님과의 깊은 만남과 그리스도의 흔적을 지닌 자가 감당할 수 있다. 설교자는 하나님으로부터 태어나는 사람이기도 하지만 하나님이 만들어 다듬어 가시는 사람이기도 하다. 강단에 서는 것이 매력적이고 대중 앞에서 말하는 것이 위대해 보여서 전하는 사람이 아니다. 지속적인 하나님의 노크와 소명 때문에 선택됐고, 설교가 이 세상에서 나에게 가장 위대하고 가치 있는 사명으로 여겨져 감당하는 사람이 설교자다.

기독교 역사에서 교회가 존재만으로 존경받고 가치 있던 시대는 설교의 영광과 권위가 살아 있던 시기였다. 말씀과 설교 사역에 헌신하는 설교자를 통해 말씀을 사모하는 순전한 이들에게 하나님은 당신의 뜻을 보여 주셨다. 설교는 하나님의 성품으로 가득했고 예수 그리스도를 닮고 따르기를 결단하게 했으며 세상을 이기는 믿음을 가지고 살도록 성령의 인도를 받게 했다.

오늘 우리의 설교는 어떠한가? 설교자가 존경받는 이유는 무엇일까? 교회 경영을 잘하고 예배 및 행사 사회를 잘 보고 조직의 시스템을 잘 구축하고 여러 프로그램을 잘 기획하고 이전에 경험하지 못한 획기적인 사업을 잘해야 존경과 사랑을 받는 것이 아니다. 설교자는 말씀과 설교에 자신을 드리고, 하나님께 받은 생명의 말씀으로 교회에 생기를 공급하고, 성령의 불을 밝힐 때 존경과 감사를 받는다.

이 시대에 존경받는 설교자는 누구인가? 분명한 목회 철학과 자신의 계획을 가지고 있는 자가 아니다. 교회의 주인이신 예수 그리스도께 교회를 맡기고 하나님의 말씀에 매달려 설교에 헌신하는 자가 인정받는 자이다. 설교자부터 하나님이 세우신 이 제도를 확신해야 한다. 그리고 설교자는 가슴에 사무치는 진리와 믿음을 선포해야 한다. 하나님은 설교를 통해 교회를 새롭게 하기를 원하신다. 이 위대한 사역에 날마다 회개하며 자신을 헌신하는 자들이 일어나길, 성령님의 역사가 있기를 소망한다.

4부 하나님 나라

하나님의 뜻이 오늘도 이루어지고, 그 거룩한 뜻이 임하기를 간절히 기도하는 곳이 하나님 나라다. 예수님은 하나님 나라가 임하기를 소망하고 기도하셨다. 이 챕터를 통해 하나님 나라를 총체적으로 그려 보길 바란다. 내 가정과 사회와 국가를 위한 기도가 달라질 것이다. 하나님 나라를 향한 우리의 기도가 더 확대되고 강력해질 것이다. 하나님 나라를 위한 기도는 예수님의 사역을 잇는 것이다.

천국은 이곳에

'하나님 나라'라는 단어만큼 이 땅을 사는 우리에게 위로와 소망이 되는 단어는 없다. 국가와 사회에 만연해 있는 폭력과 악의 역사를 보면 우리의 마음은 지치고 인생의 의지도 꺾이게 된다. 어디를 바라봐야 할지 무엇을 의지해야 할지 혼란스럽고 답답하다. 때때로 기독교가 말하는 하나님 나라는 무능해 보인다. 나에게 주어진 현실과 하나님 나라는 너무 동떨어져 있고 아무 상관 없는 것처럼 보인다.

칼 마르크스는 "종교는 인민의 아편"이라고 고발했다. 그가 볼 때 기독교와 하나님 나라는 인민에게 아무런 소망을 주지 않고 오히려 현실에서 종교적 환상만을 추구할 뿐이었다. 가난하고 배우지 못한 이들의 척박한 현실을 개선하고 개혁해야 하는데 억지로 현실을 참아 낼 뿐이라는 것이다. 그러나 그의 주장은 성경에서 말하는 하나님 나라가 아니다. 하나님 나라는 우리를 무력화시키거나 종교 중독자로 만들지 않는다.

반면에 하나님 나라를 죽어서 가는 곳만으로 이해하는 전통적인 주장이 있다. 이 땅은 죄악과 슬픔과 눈물만 가득하니 천국이 될 수 없고 죽어서만 천국에 이를 수 있다는 것이다. 물론 하나님 나라의 초월성을 부정할 수 없다. 인간은 죽음 후에 예수님이 가신 그곳에 이를 것이다. 성경은 새 하늘과 새 땅을 가르쳐 준다. 구약의 에녹과 엘리야는 죽음을 맛보지 않고 그곳에 이르렀고, 신약의 바울과 요한은 환상 중에 보았으며, 스데반은 순교하며 하늘에 계신 하나님을 보았다.

이렇듯 하나님 나라는 그리스도인이 죽음 후에 하나님 품에 안기는 가장 아름답고 완벽한 곳이다. 그러나 하나님 나라에 대한 부정적이고 제한적인 한계를 극복하고 성경이 말하고 지금 우리에게 필요한 오늘의 하나님 나라가 있다는 것을 알아야 한다. 바로 하나님 나라의 현실성이다. 하나님 나라는 죽음 이후에만 갈 수 있는 곳이 아니라 지금 이곳에 임하여 있다.

그런 의미에서 성경에서 정의하는 하나님 나라는 하나님이 주인 되셔서 다스리고 통치하시는 곳이다. 인간이 왕이 아니라 예수님이 왕이 되셔서 하나님의 법이 작동하는 곳, 예수님의 뜻이 펼쳐지는 곳이다. 예수님과 그의 제자들은 어디를 가든지 하나님 나라를 전하고 가르쳤다. 예수님은 공생을 시작하면서 "하나님 나라에 가라"고 하지 않으셨고 "하나님 나라가 가까이 왔으니 회개하라"고 하셨다. 사도 요한은 "새 하늘과 새 땅이 하늘로부터 내려온다"라고 했다.

앞서 전했듯 하나님 나라는 이 땅을 사는 성도에게 큰 위로와 소망이다. 예수님 당시 교회를 박해하는 로마 권력 아래 숨죽이며 사는 성도들은 이 나라를 바라보며 고난을 견디고 믿음을 지켰다. 주님이 성도의 눈물을 닦아 주셨고 아픔과 슬픔과 고통이 없는 하나님 나라가 기다리고 있다는 것으로 큰 위안을 주셨다. 지금도 여전히 이 사실은 모든 고난을 이기는 충분한 위로가 된다.

그러나 한 가지 더 기억해야 할 것이 있다. 하나님 나라는 불의한 현실을 비판하고 새로운 대안을 제시한다는 것이다. 악한 권세가 다스리는 곳에 불법과 폭력과 사기와 전쟁과 살인이 끊이지 않는다. 그곳은 하나님 나라가 아니다. 하나님 나라는 화해와 평화와 정의와 공의가 흐르는 사랑의 나라다. 하나님 나라를 소망하는 성도들은 예수님이 가르쳐 주신 기도처럼 하나님 나라가 이 땅에 이루어지기를 오늘도 기도하며 살아야 한다.

어느 단체나 기업이나 국가든 기존의 세력과 체제를 비판하는 것을 달가워하지 않는다. 그곳이 하나님 나라가 아니라고 하는 것은 심각한 문제가 있다고 고발하는 것과 같다. 자기 권력이 제거되는 듯한 위험을 느낄 것이다. 하나님 나라의 주체인 예수님이 그러한 저항과 공격을 받으셨고 끝내는 십자가에서 죽으셨다. 그분을 따르는 제자들도 쫓김과 죽임을 당하였다. 거룩한 나라를 전하였을 뿐인데 반역자로 몰려 사형장의 이슬이 된 것이다.

이 챕터에서는 하나님 나라를 전반적으로 설명하지만 주로 하나님 나라의 체제 전복성과 혁명성과 비판과 대안의 성격을 제시한다. 하나님 나라는 무미건조하고 약하고 초라하지 않다. 예수님 당시 하나님 나라는 로마의 황제를 위협하고 충고하는 강력한 대안이었다. 초대교회 성도들에게 유일하고 충분한 위로였을 뿐만 아니라 현실을 견디는 힘이었고 현실을 새롭게 하는 방안이었다.

오늘날도 마찬가지다. 애굽의 바로 체제나 로마 시대 황제의 체제는 사탄의 나라를 구현한다. 그러나 하나님 나라는 인간 왕이 지배하는 곳이 아니라 하나님이 주인과 왕이 되셔서 지배하는 곳이다. 우리 마음에서부터 먼저 하나님이 통치하시도록 해야 하고, 그 통치의 범위는 가정과 교회와 이웃과 사회로 확대되어야 한다. 예수님이 계신 곳, 그분을 주님으로 인정하는 곳이 하나님 나라다.

하나님의 뜻이 오늘도 이루어지고, 그 거룩한 뜻이 임하기를 간절히 기도하는 곳이 하나님 나라다. 예수님은 하나님 나라가 임하기를 소망하고 기도하셨다. 이 챕터를 통해 하나님 나라를 총체적으로 그려 보길 바란다. 내 가정과 사회와 국가를 위한 기도가 달라질 것이다. 하나님 나라를 향한 우리의 기도가 더 확대되고 강력해질 것이다. 하나님 나라를 위한 기도는 예수님의 사역을 잇는 것이다.

《마침내 드러난 하늘나라》, 폴라 구더 글, 이학영 옮김, 도서출판학영

#차세대톰라이트   #유대교와신약의하늘   #신학자

#오늘날교회   #하늘나라를_믿는다는것

성경에서 말하는 하늘나라

하늘나라는 물질세계에 속한 모든 사람이 소망하고 그리워하는 곳이다. 그래서 대부분의 사람이 하늘나라에 가고 싶어 하며, 그곳은 아픔과 슬픔과 고통이 없는 행복한 곳이라고 생각한다. 일반인의 생각도 그렇거니와 신자 또한 하늘나라는 죽어서 가는 곳이고, 그곳에는 영원한 기쁨과 찬송만이 있다고 믿는다. 실제 죽어야만 가는 하늘나라는 죄와 악으로 둘러싸인 세상을 사는 우리에게 큰 위

로를 준다.

그러나 성경에서 말하는 하늘나라는 죽어서 가는 곳만을 의미하지 않는다. 예수님은 하나님 나라가 이제 도래했다 하셨고, 하나님 나라는 너희 가운데 있다고 하셨다. 기도를 가르쳐 주실 때도 하나님 나라에 가게 해달라고 하지 않고 하나님 나라가 임하게 해달라고 하셨다. 즉, 예수님은 우리에게 추상적이고 형이상학적인 하늘나라 대신, 구체적인 하늘나라를 제시하셨다.

저자는 현대인이 하늘나라에 관심이 많다고 한다. 일견 맞는 이야기이나 내가 볼 때 현대인은 하늘나라에 대한 관심이 오히려 부족한 것 같다. 현실에서 어떻게 하면 더 잘 먹고 잘 살고 좋은 곳으로 여행 다닐까에 관심이 훨씬 많아 보인다. 불의한 것은 조금 견딜 수 있어도 자신에게 불이익이 생기고 불편한 건 참을 수 없다. 그래서 이 땅에서 모든 것을 해결하고 모든 행복을 땅에서 추구하며 집중한다.

그래서 현대인은 하늘나라와 지옥과 영의 세계와 공중의 권세와 같은 것에 관심이 없고 오로지 자신의 행복과 안일에 몰두한다. 하늘나라는 그냥 죽어서 좋은 곳에 가고 싶은 소원일 뿐이다. 그나마 양심이 있다면 내가 어떻게 그런 곳에 갈 수 있을지 미안한 마음을 가지는 경우다. 신자들 또한 과학과 기술과 의술이 최첨단을 달리는 시대에 하늘나라와 지옥 등에 대해서 크게 다루지 않는다. 기껏 인생에 마지막이 찾아왔을 때 비로소 정신을 차리고 삶의 본질을 떠올린다.

하늘나라에 대한 열린 주장

이 책은 하늘나라의 본질과 의미가 무엇인지 구약과 제2성전기 문헌과 신약을 통해 그 흐름과 발전과 변천사를 심도 있게 다루고 있다. 책의 추천인들은 하늘나라에 관한 최고의 연구서라고 칭한다. 나도 책을 읽으며 하늘나라의 본질과 의미에 대해 그리고 천사와 사탄과 사후세계에 대해 정리하고 배울 수 있었다. 책이 학문적이면서 대중적이라 편하게 읽을 수 있고, 번역과 편집도 깔끔하고 자연스럽다.

저자는 하늘나라와 관련된 여러 주제를 다루며 자기 주장만이 옳다고 고집하지 않는다. 자신의 의견을 말하기도 하지만 다양한 의견을 존중하며 가능성을 열어놓는다. 너무 비논리적이고 억지 같은 의견은 부정해야겠지만, 저자의 이런 열린 마음과 자세가 좋았다. 성경이 주류만을 위한 것이 아니라 모두를 위한 것이며, 해석의 여지가 풍부한 성경을 주신 하나님의 뜻이라 생각한다.

우리의 일상과 연결된 하늘나라

책 전체의 핵심을 말한다면 하늘나라란 이 땅에 관심이 많으신 하나님이 우리의 삶에 개입하여 함께하길 원하신다는 것이다. 성경을 보면 하나님은 하늘을 여서서 메시지를 주시고, 천사를 통해 당신의 뜻을 전달해 주셨다. 그리고 하늘 궁정에서 어전회의를 통해 하나님의 구속을 위한 회의와 결정을 내리시고, 악한 영들과의 전투를 통해 하나님의 비전을 신실하게 수행해 가신다.

구약시대에도 그렇고 예수님이 사신 당시에도 그리스-로마 문화는 점성술과 별자리와 마술을 통해 인간의 운명과 나라의 운명을 결정짓는 것이 유행했다. 그래서 예수님의 사역은 이 땅을 장악하고 있는 사탄의 세력을 몰아내고 사람을 옭아매고 있는 어둠의 권세로부터 인간에게 자유와 해방을 주시는 것이었다. 인간의 권리를 빼앗고 인간을 노예와 괴물로 만드는 악한 영으로부터 인간에게 하늘나라를 주는 것이 예수님의 사역이다.

예수님과 사도들의 사역

그래서 예수님의 사역에 사탄과의 전쟁과 귀신과의 싸움이 자주 등장한다. 사도행전의 사도들의 역사를 보아도 귀신들이 밀집한 곳에 복음의 역사가 나타나 하늘나라가 임하였다. 하나님은 그들을 통해 지역에 교회를 세우시고 하늘나라가 실제적으로 임하도록 전진 기지가 되게 하셨다. 사도들을 통한 사도행전의 역사는 하늘나라의 역사라고 해도 무방할 것이다. 그만큼 하늘나라는 하나님이 주신 능력으로 강력하게 이루어져 갔다.

바울 또한 하늘에 대해서 많이 알고 있었고, 직접 세 번이나 하늘을 다녀온 인물이다. 저자 또한 이것을 깊이 설명한다. 바울의 관심은 몇 번째 하늘에 갔다는 것에 있지 않고, 자신이 참된 사도로서 하나님을 만나고 하늘의 메시지를 전달하는 사람이라는 자격에 초점이 있음을 강조한다. 바울은 사역 중에 어둠의 세력들(악한 영, 벨리알, 세상의 통치자, 공중의 권세 잡은 자 등)을 대적했고, 하늘나라가 임하게 했다.

바울은 영의 세계와 어둠의 권세를 인정했다. 그런 악한 세력이 마술과 점성술, 오컬트와 미신 등을 통해 사람을 미혹하고 영혼을 지옥으로 이끈다고 여겼다. 그래서 바울은 성도가 마귀를 대적하고 전신갑주를 입고 깨어 기도함으로 승리해야 한다고 했다. 어둠에 매여 있는 사람들을 하늘나라로 인도하기 위해 복음을 선포한다. 그래서 예수님과 마찬가지로 바울도 하나님께서 우리와 함께하셔서 구원과 자유를 주시는 하늘나라를 밝혔다.

폴라 구더의 글을 읽다 보면, 혹시나 신자들이 이 땅에서의 정의와 평화만을 위해 살게 하려는 게 아닐까 우려할 수 있다. 이 땅에서 이루어지는 악한 영들의 활동은 1세기와는 다르게 다양하고 교묘하게 정부와 기업을 붙잡고 법과 제도를 통해 활개를 친다. 그래서 저자는 땅에서의 삶을 하늘나라와 연결한 새로운 시각으로 조명한다.

저자의 궁극적 관심은 그런 정의와 공의와 평화가 이루어지는 하늘나라가 아니라 하나님이 우리와 함께하신다는 것에 방점이 있다. 그래서 인간을 향한 하나님의 관심과 사랑이 성경과 초대 문헌을 통해 어떻게 나타났는지 언급하며, 그 '하늘나라'를 보여 준다. 그래서 필자는 저자의 하늘나라가 오늘 여기에 임하는 면도 강하지만 우리가 죽어서 가는 곳, 정확히 설명할 수 없지만 영원한 나라의 의미도 담겨 있다고 본다.

예수를 통해 열린 하늘에 닿는 통로

개인적으로 성경에서 깊이 은혜받은 장면은, 스데반이 돌에 맞아 순교할 때 하늘이 열리고 하늘 보좌 우편에서 예수님이 그를 보고 계신 장면이다. 그 순간 스데반은 하늘나라를 경험하며 마지막 숨을 거두면서 인자의 품으로 안겼다. 마지막 호흡을 멈추면 하늘나라에 입성하는 것이고 아직 호흡이 우리에게 남아있을지라도 하나님의 함께하심으로 우리는 하늘나라를 누리고 있다.

이 책에는 켈트족의 전통을 따라 '희미한 장소'라는 표현이 나온다. 하나님의 임재와 거룩함이 더 강하고 특별하게 느껴져서 하늘인지 땅인지 경계가 흐릿한 곳을 의미한다. 구약에서는 그러한 희미한 장소가 특정하게 구별되었지만, 신약에서는 예수님이 이 땅에 오심으로 인해 주님을 인정하고 순종하는 곳이 희미한 장소가 되었다. 예수님으로 인해 변화된 장소들이 하늘로 올라가는 통로가 된 것이다.

하나님은 우리와 함께하시고 우리를 인도하고 도와주길 원하신다. 그리고 예수님은 이 땅에 하나님의 본체이자 인간의 몸으로 오셔서 참된 성전이 되어 하늘과 땅을 연결하는 통로가 되셨다. 하늘의 거룩성과 땅의 죄성이 만난 것이다. 그곳이 하늘나라이고 그곳이 희미한 장소이다. 책을 통해 하늘이 땅 위에 임하고 땅은 하늘에 붙잡힌 것이 하늘나라의 본질과 의미임을 깨달을 수 있다.

《대천덕 신부의 하나님 나라》, 대천덕, CUP

#희년   #성경이해   #가난의책임   #성경적토지제도   #자본주의의문제

불가능해 보이는 하나님 나라

대천덕 신부의 하나님 나라 책을 덮으며 처음 든 생각은 '불가능'이
다. 독자로서 그렇게 단념할 수밖에 없는 생각에 서글퍼지기도 했
다. 왜냐하면 이미 이 사회가 자본주의에 깊이 뿌리박혔을 뿐만 아
니라 그 이념에 종노릇하고 있기 때문이다. 정치, 경제, 문화, 교육
에 이르기까지 모든 가치에 있어서 사람보다 위에 있고 종교보다
강한 맘몬이 지배하고 있으니 말이다.

이미 노무현 정부 때 종합부동산세가 수립되어 시행되려고 했으나 지주와 재벌의 뇌물을 먹은 주요 언론과 기관들은 조세 폭탄이라며 정부와 대통령을 공격했다. 장기적으로 종부세를 조금씩 올리자는 것이었고 선진국에 비하면 훨씬 낮은 세율이었음에도 나라 전체가 들썩이도록 반대했기에 결국 지금까지 흐지부지되었다. 이렇듯 필자는 땅과 집으로 돈을 벌려는 지주 세력과 재벌의 힘이 상상을 초월하기 때문에 현실에서 가난을 물리치기는 불가능하다고 보았다.

조세제도로 가능하다

그럼에도 불구하고 대천덕 신부는 교회와 성도가 이 사회에 하나님 나라를 만들 수 있다고 말한다. 그는 성경적 경제의 기초 원리에 있어서 《진보와 빈곤》이라는 책을 쓴 헨리 조지의 방법을 받아들인다. 그는 나라의 경제와 문화, 생활 수준은 나날이 발전하는데 왜 가난한 사람은 여전히 궁핍하고 못 먹고 죽어가는 일이 많아지는가에 대해 고민한다.

그 이유를 불평등한 토지제도에 원인이 있다고 지적한다. 그래서 헨리 조지는 성경의 희년 법을 제도적으로 실현할 수 있는 '지대조세제도'라는 체계를 정립하고 세상에 전파했다. 이 제도는 불로소

득인 임대료 전액을 세금으로 징수하고 그 외의 세금은 철폐하자는 파격적인 것으로 기존의 질서를 깨버리는 과격한 제안이다.

실제 집이나 땅을 사서 살면 어느 날 그곳에 학교가 세워지고 지하철과 대형마트가 들어서면서 그 집과 땅의 가치는 큰 폭으로 상승한다. 몇 년이 지나면 엄청난 액수로 오른다. 지주는 이 차익에 대해 아무것도 한 것이 없다. 오직 국민의 세금으로 만들어진 도로와 지하철 등 공공재가 그 땅의 가치를 상승시켰다. 그러니 헨리 조지가 제시한 제도를 참고해 성경적으로 하나님 나라를 풀어가는 조세제도가 타당해 보인다.

희년과 성경적 토지제도

책은 총 3부로 구성되어 있는데 1부에서는 '미성숙한 신학의 위험'이라는 주제로 저자는 교회가 사회 제반 문제에 소홀하게 된 것은 미숙한 신학 때문이라고 진단한다. 그래서 그는 하나가 전부인 것처럼 말하는 불완전한 신학과 성령 없는 해방신학, 아편신학과 기복신학 등을 미숙한 신학으로 설명하고 그것이 왜 생기는지 언어적이고 역사적인 원인을 분석한다. 아울러 교회는 분열되고, 사회문제는 더 심각해지는 20세기의 현실을 애통하며 글을 맺는다.

2부 '성경적 경제의 기초 원리'에서는 하나님이 우리에게 선물로 주신 땅에 대한 이해를 바탕으로 자발적이고 자원적인 희년 경제론을 주장한다. 구체적으로 토지세는 올려야 하며 땀 흘려서 얻는 소득세 같은 세입은 내려야 한다고 말한다. 또한 성경에서도 하나님의 은혜가 임한 후에 공동체에서 땅을 나누며 가난을 없애는 모습을 근거로 구약의 희년 법이 이 시대에도 적용될 수 있다는 것을 설명한다.

저자는 모든 땅을 국가가 소유하는 것은 문제 해결의 방법이 아니라고 한다. 오히려 국가가 유일한 대지주가 되면 문제는 더 복잡해지고 마르크시즘으로 나타나게 된다. 실제 마르크시즘은 토지의 역할과 중요성을 충분히 인식하지 못했기에 모든 공산국가의 경제 상태가 복잡해졌고 결국 실패했다. 공산국가들은 유럽의 은행에 돈을 빌리게 되어 심한 적자와 파산에 이르게 되는데 저자는 이렇듯 세계의 경제와 정치를 아우르며 성경적 제도를 세우는 기초를 제시한다.

또한 저자는 여기서 바알파와 야웨파의 대립을 말하며 이스라엘과 이방인의 구별은 땅을 매매하거나 투기할 수 없는 것으로 설명한다. 그러나 이스라엘에 바알제도가 들어오면서 지주제가 시작됐다. 땅을 하나님께 돌리는 게 아니라 직접 소유하므로 파산자가 발생하고 공의와 자비의 법이 무너졌다고 진단한다. 그리고 선지자들이 죄를 지적하고 회개를 요구한 것은 원래의 제도를 무너뜨린 것과 인간의 탐심 때문이라고 한다.

3부 '그리스도인은 사회문제를 어떻게 다룰 수 있을까'에서는 교회와 정부가 불의와 가난과 착취 문제, 인간의 존엄성 문제에 있어서 적극적으로 개입하기를 권면한다. 20세기 분쟁 갈등 지역인 아일랜드의 문제가 자유 농민의 땅을 영국과 왕실이 사유화하여 발생했음을 지적한다. 또한 알래스카 토지공유제의 좋은 점을 말하고, 석유를 민영화하려는 어두운 면의 사례도 보여 준다.

가난을 해결하는 하나님 나라

저자는 우리나라를 넘어 전 세계에 나타나고 있는 심각한 빈부격차와 지독한 가난과 기아를 해결하기 위해 구약에서 말하는 토지는 하나님의 것이라는 법을 회복시켜 토지제도에 희년 법을 적용할 것을 주장한다. 그래서 구약에서처럼 땅과 거주지를 나누어 주어 기본적인 권리와 안전을 확보해 누구도 파산하지 않으며 가난한 자의 발생을 막아야 한다는 것이다.

그러나 우리 정부가 이것을 해결할 수 있다고 보기는 어렵다. 땅투기와 매매로 재산을 늘리는 게 합법화되어 있고 교회와 성도조

차 땅과 건물을 통해 부를 얻는 것을 정당하게 여기고 있으니 말이다. 이런 현실에 저자의 주장은 판타지로 보인다. 저자가 아무리 이 것은 죄악이고 부당한 것이라고 외쳐도 이 자본주의 사회에 도저히 스며들 것 같지 않다.

그래서 저자는 우리에게 이 땅에서의 가난을 해결하는 하나님 나라로 초대한다. 그는 가난한 자가 이 땅에서 사라지는 게 하나님 나라가 이루어지는 것이라 한다. 하나님 나라를 구하는 것은 이웃을 돕는 것이고 교회가 이 일에 적극적으로 책임져야 한다고 외친다. 또한 코이노니아는 이런 가난까지 책임지는 가족으로 가난의 문제는 영적인 문제라 진단한다.

성경에서 '땅'은 아주 중요한 개념이다. 그러나 우리는 그동안 땅이라는 것을 대부분 영적인 개념으로 해석해 왔다. 팔복에서 말하는 온유한 자가 땅을 기업으로 받을 것이라는 말씀도 영적인 의미로 풀며 예수님은 이 땅에서 한 평도 가지지 않았지만 온유한 자로서 많은 사람의 마음에 남아 그들의 마음을 소유한 사람이라고 해석해 왔다.

그러나 저자의 하나님 나라에서 팔복의 땅은 물리적인 땅이고 예수님의 말씀은 온유한 자가 바로 이 땅을 차지하는 것으로 해석한다. 당시 권력가나 지주가 들었을 때 정치적인 의미로 들려 예수님이 위험에 빠지게 된 말씀이다. 저자가 온유한 자를 억눌린 자라고 해석하는 것은 받아들이기가 주저되지만, 주님의 말씀과 그 배경을 실제의 땅으로 읽으니, 하나님 나라의 의미가 땅과 아주 가까움을 보게 되었다.

가난은 교회와 성도의 책임

이 책에 의하면 이 땅에서 가난으로 죽어가는 사람은 하루 4만 명 이상이라고 한다. 누가 이 사람들을 먹이고 입히겠는가? 저자는 교회와 성도의 책임이라고 한다. 그리고 하나님 나라는 이 땅의 가난을 없애는 것이고 하나님의 의를 구하는 것은 슬픔에 빠진 이웃을 돕는 것이다. 선지자들은 지주의 착취와 횡포로 약자들이 억울한 일을 당하고 빈자들이 생기는 것을 하나님의 임재가 떠난 증거라고 했다. 저자는 그 임재의 회복을 갈망한다.

필자는 책을 읽고 저자가 구약에 갇혀 있고, 다소 사회적 관점으로 복음을 보는 듯해 완전히 동의하지 못한 내용도 있었다. 그러나 저자의 학문적 성과와 특별히 그의 삶과 우리의 현실을 볼 때 그가 말하는 하나님 나라에 귀를 기울이지 않을 수 없었다. 그래서 필자는 저자가 말하는 하나님 나라가 이 병든 세상에 꼭 필요하기에 이 책의 정독을 권한다. 고인이 된 그의 신앙과 삶을 떠올려 본다.

《대한민국 쓰레기 시멘트의 비밀》, 최병성, 이상북스

#발암물질　#거대기업　#주거환경　#환경운동　#생명운동　#창조세계

집이 생명을 갉아먹는다는 충격적 사실

우리가 살고 있는 집이 발암물질로 구성된 시멘트로 건축됐다면 믿을 사람이 있겠는가? 아무도 그렇게 생각하지 않을 것이다. 아니 상식적으로도 그런 유해물질로 사람이 거주하는 공간을 만든다는 것은 불법이고 죄악이다. 그래서 당신이 생활하는 집이 쓰레기 시멘트로 지어져서 생명을 갉아먹고 있다는 말을 해도 기본적인 이해를 넘어서는 수준이기에 받아들이기 어렵다.

그러나 저자는 분명한 증거들을 제시하며 명백한 사실임을 밝혀냈다. 아파트 공화국인 한국에서 짓는 넓고 높은 주거 단지는 쓰레기 시멘트를 사용했다. 시멘트는 석회석에 점토와 철광석과 규석을 섞어 유연탄으로 고온에 태워서 만든 물질이어야 하지만, 우리는 완전히 속고 살았다. 쓰레기 재활용이라는 미명 아래 여러 석탄재와 하수 슬러지, 산업 폐기물, 각종 공장의 폐물질이 사용됐고, 연료로써 유연탄 대신 폐타이어, 폐고무, 폐유 등을 사용한다. 즉, 비가연성 쓰레기(보조원료)와 가연성 폐기물(보조연료)을 혼합해 태우고 난 재가 우리의 집에 들어가는 재료다.

그러니 시멘트 성분은 어떻겠는가? 고체가 되면 발암물질을 포함한 유해 성분은 사라진다고 하는데 거짓말이다. 1999년 환경부에서 시멘트회사의 부도와 위기를 막기 위해 각종 쓰레기를 소각해 시멘트를 만들 수 있도록 허락했다. 그러나 아무런 기준과 등급 규제가 없으니 시멘트의 상태는 더 쓰레기화되었다. 모든 산업 분야에서 발생하는 쓰레기는 시멘트 소각장으로 자원 재생의 명분으로 모여들었다. 그 결과 우리는 독성을 포함한 쓰레기 시멘트에 갇혀 살고 있다.

이 책은 오랫동안 1인 환경운동가로 활동하고 있는 최병성 목사의 책이다. 필자가 뒤늦게 이 책을 읽고 글을 쓰는 것은 조금이나마 목사님에게 힘과 도움이 되고 싶은 마음에서다. 이 책을 읽고는 어린 아이와 젊은이들, 후대와 사회를 위해 꼭 서평을 남겨야겠다고 결심했다. 쓰레기 시멘트가 합법화된 후 아토피를 포함한 여러 질병이 어린아이의 목숨을 앗아갔고, 심지어 스스로 목숨을 끊는 젊은 이들마저 발생했다. 더 이상 그런 일이 생겨서는 안 된다.

환경부와 시멘트회사 등으로 이루어진 거대한 골리앗에 대항해 최 목사는 다윗처럼 홀몸으로 힘겨운 싸움을 하고 있다. TV에서 아토피로 고통받는 아기를 보며 눈물 흘리는 엄마의 모습을 보았다. 실제 우리 주변에 각종 피부질환으로 괴로워하는 아기들이 흔하게 있다. 피부가 다 뒤집어져 진물이 흐르고 피부 속 살이 드러나 울부짖는 아기들이 있다. 아토피 피부염으로 심한 우울증을 앓다가 자살한 청년도 있고, 염증이 심해진 얼굴로 오랜 기간 비관하다 죽은 청년도 있다.

어디 그뿐인가? 시멘트회사 근처에 사는 주민들은 폐 질환 및 각종 암에 걸려 죽어간다. 쓰레기 시멘트를 만들면서 생긴 독한 분진과 연기가 산과 마을을 뒤덮어 삶의 터전을 황폐화한다. 공장에서 나오는 각종 오·폐수는 하천으로 흘러 물을 오염시키고 농작물을 죽이고 자연과 생명체를 파괴한다. 쓰레기 시멘트는 백해무익하다. 자원 재생과 활용은 거짓말이고 기업의 이익 때문에 국민의 생명을 갉아먹고 있다. 환경부는 살인을 규제는커녕 오히려 동조하고 있다. 그 밑에 기생하는 마피아들은 일말의 양심도 없으며, 시멘트회사 사장들은 국민의 생명을 담보로 돈벌이한다.

이익에 눈먼 회사와 환경부의 무책임

책을 보며 더 입을 다물 수 없던 것은 일본의 폐기물을 우리나라가 수입하고 있다는 사실이다. 후쿠시마 원전 폭발 사고 이후 우리나라는 방사능오염 가능성이 높은 고철 수입을 크게 늘렸다. 더구나 일본의 석탄 찌꺼기를 세계에서 유일하게 독점적으로 사들이고 있다. 이것이 가능한 일인가? 수입 기준과 제한이 있는 것도 아니다. 많으면 많을수록 좋다면서 수입하고 있다.

일본의 폐타이어 및 각종 쓰레기를 사는 데 톤당 5~10만 원을 지불한다. 이것을 시멘트 소성로에 넣어 재를 만들고 그 결과물로 우리의 보금자리를 짓고 있다. 그러니 우리는 일본의 오물로 조합된 집에서 먹고 자는 셈이다. 책을 보며 부끄럽고 수치스러웠다. 일본의 쓰레기를 처리하고 있으니 아직도 식민 지배를 벗어나지 못한

듯한 현실에 화가 났고, 그것을 무방비 상태로 놓아두는 환경부가 원망스러웠다.

현재 우리나라에서 발생하는 석탄 쓰레기의 양도 많아서 처리가 곤란한데 남의 나라 뒤처리를 돌봐주고 있다. 돈만 벌면 된다는 이기적이고 야비한 생각이 비인륜적 결과를 낳았을 뿐만 아니라 반민족적인 일까지 되어버렸다. 더구나 일본과 갈등이 있는 시기에도 이런 수입은 중단되지 않았으니 국민의 한 사람으로서 모욕감이 든다. 쓰레기가 없어서 남의 나라 쓰레기로 돈벌이한다니 말이다. 게다가 그것을 하역할 때 생기는 더러운 재와 침출수는 모두 우리 바다가 끌어안고 있다.

생명이라는 가치

좋은 재료로 음식을 만들어야 건강할 수 있고 몸의 각 기능이 제대로 역할을 할 수 있다. 그래서 유기농을 찾고 인스턴트는 멀리하고 친자연적인 음식을 선호한다. 하물며 사람이 자고 머무는 집이라는 공간은 어떠한가? 그 공간을 흙과 나무 등 친환경 재료로 짓는다면 아토피 같은 피부질환은 없어질 것이고 호흡기관 또한 건강해질 것이며 각종 암은 줄어들 것이다.

그런데 돈 때문에 쓰레기로 집을 짓는다. 정부는 시민이 안전하고 쾌적하고 편안한 집에서 살도록 대책을 마련해야 하는데, 국민의 집이 쓰레기 처리장이 되도록 방치해버렸다. 물론 처음부터 모든 사람이 암에 걸리도록 계획하고 그렇게 쓰레기 시멘트를 사용하지는 않았을 것이다. 이제는 더 이상 돈 때문에 국민의 생명을 팔아버리는 죄는 짓지 말아야 한다. 더 이상 어린 아기가 아토피에 걸려서 방바닥을 제대로 기어보지 못하고 부모가 마음껏 만지지도 못하는 일이 발생하지 않도록 법과 제도를 개선해야 한다.

가족들이 안식을 누려야 하는 공간이 가장 불안한 공간이 되었다니 이런 아이러니가 또 있을까. 건강하게 살게 해주어야 하는 집이 잔인한 흉기가 되었다. 이 일을 위해 최병성 목사는 시멘트를 공부하며 대기업과의 소송을 불사하며 홀로 싸워왔다. 수없이 지치고 힘들고 포기하고도 싶었을 것이다. 고소와 고발은 기본이고 협박까지 당했고 엘리베이터 타는 것도 경계하며 살았다니, 상상으로도 그 불안과 고통을 다 헤아리기 어렵다. 이제는 모두가 이 진실을 알고 건강한 집에서 살게 되기를 소망한다. 누구도 희생되지 않고 생명의 가치를 공유하는 데 정부와 기업이 힘써 주기를 바란다.

《나를 넘어서는 성경 읽기》, 김근주, 성서유니온

#신학적읽기   #비판적읽기   #하나님말씀   #현실의대안   #오늘의시대_하나님의뜻

성경 읽기의 목적이 무엇인가

성경은 우리에게 무엇을 가르치는 책일까? 그리스도인은 성경을 사랑하여 주야로 읽고 적용하고 실천하는 이들이다. 그러나 성경은 우리가 이 땅에서 적극적으로 성공하며 살고, 율법을 철저히 지키는 그리스도인이 되게 하는 데 목적을 두지 않는다. 그렇다면 지금 나의 게으름과 나태함을 발견하고 채찍질하여 분명한 목표를 향해 달려가게 하는 것이 성경의 목적일까? 그런 자기계발과 발전을 위한 것이라면 시중에 있는 여러 실용서가 훨씬 도움이 될 것이다.

우리는 성경을 읽어야 한다는 말을 많이 들었다. 성경을 많이 읽을수록 훌륭한 그리스도인 된다면 얼마나 좋을까? 그러나 현실은 그렇지 않다. 오히려 성경이 가지고 있는 가치와 정신 그리고 그 속에 녹아 있는 하나님의 마음을 알지 못하고 읽는 것은 독이 될 가능성이 있다. 성경은 살아 있는 하나님의 말씀이다. 이 말은 성경에 기록된 일점일획을 문자적으로 지켜야 된다는 것도 아니다.

성경을 읽어야 하는 것은, 하나님을 아는 것이 우리 삶의 최고의 목적이기 때문이다. 100독을 하더라도 성경 속에 흐르는 하나님의 마음과 그리스도의 사랑을 알지 못한다면 자기 발전을 위한 지침서나 자기를 과시하는 도구로 전락한다. 성경이 하나님의 말씀이라는 것은 이 말씀이 나를 거듭나게 하고 하나님의 백성으로 온전하게 만들어 간다는 뜻이다.

그런 의미에서 '성경 읽기'는 우리에게 매우 중요하다. 한 구절을 보더라도 성경 전체와 본문, 전후 문맥을 고려하여 하나님의 심정을 보아야 한다. 그저 많이 읽는 것(물론 성경의 흐름을 알기 위해 다독을 통한 이해도 필요하다)이 성경 읽기의 목표가 아니다. 그런 마음으로 성경을 접한다면 단지 이 땅에서 나를 돋보이게 하고 남들보다 앞서게 하는 지침서가 될 것이다. 성경 읽기는 이 책의 제목처럼, 나를 벗어나고 넘어서는 것이다.

나는 구약학 교수인 저자의 책을 보며 성경에 대한 소중한 시각을 발견했다. 그래서 본 글을 통해 그 중요한 깨달음을 세 가지로 정리하고자 한다. 첫째는 구약을 새롭게 이해하는 것이다. 우리는 구약과 신약을 'Old Testament'와 'New Testament'로 이해한다. 그래서 구약은 옛날에 맺어진 약속이고 신약은 새롭게 맺어진 약속으로 생각해서 구약을 구시대의 열등한 약속처럼 생각하게 한다.

그러나 예수님 시대에 예수님과 종교 지도자들이 사용한 성경은 구약임을 기억해야 한다. 신약성경이 정경으로 확립되기 전에 교회에서 읽고 가르친 성경은 구약이었다. 모든 성경이 하나님의 감동으로 기록되었다고 할 때의 그 성경 또한 구약을 말하는 것이다. 바울은 구약을 기초로 교회를 세우고 예수님의 십자가와 부활을 전했다. 그러니 구약은 그저 먼 시대에 체결된 약속 정도가 아니라 분명한 하나님의 말씀이다. 신약시대를 열고 연결하는 성경이다.

또한 구약은 율법이고 신약은 복음이라고 하여, 구약은 행위와 순종을 강조하고 신약은 믿음만을 강조한다고 생각한다. 그러나 구원은 행위를 통해 이루어지는 것이 아니고 믿음 또한 행위를 배제하는 것이 아니다. 믿음은 삶의 열매를 동반하는 행위가 따른다. 이 땅 후에 천국을 확신하는 자는 이 땅에서부터 천국 백성다운 길을 걸어간다. 그러니 단순히 구약을 율법이라 여기고 믿음만을 강조하면 영광스러운 제자의 길을 놓치고 순종을 통한 기쁨을 알지 못한다. 그래서 구약의 율법이 신약의 믿음 속에서 어떻게 녹아 펼쳐지는지 보아야 한다.

구약을 성취하신 예수

두 번째는 예수께서 구약을 성취하셨다는 것에 대한 이해이다. 우리는 예수께서 구약의 말씀을 이루기 위해 이 땅에 오셨다는 말씀을 많이 들었다. 특별히 예언서에 나오는 베들레헴에서 한 아기가 태어날 것이고, 그가 처녀 마리아의 몸에서 잉태될 것이며, 나귀를 타고 예루살렘에 입성하고, 그가 십자가에서 죽게 될 것이라는 구절로 예수님이 하나님의 말씀에 순종함으로 구약을 성취했다는 말씀을 들어왔다.

부분적으로는 맞는 이야기이다. 그러나 예수님이 구약을 성취하셨다는 말이 나타내는 더 깊은 의미가 있다. 구약이 증거하고 예언하는 것은 단순히 예수님이 언제 오시고 어디서 태어날 것을 맞히는 데에 있지 않다. 구약은 예수님이 오심을 통해 이루어지는 새로운 날과 자유케 되어 모든 압제와 고통에서 벗어나는 날을 고대한다. 그리고 예수님은 바로 그 구약을 현실화시켰고 일상으로 가져온 것이다.

　즉, 예수님이 구약을 성취하셨다는 것은 구약이 내다보는 새로운 시대를 실제로 이루신 것을 뜻한다. 그 누구도 이룰 수 없던 자유와 구원의 날을 성취하신 것이다. 그 누구도 참 기쁨과 행복을 주지 못 했는데 그분이 기쁨과 행복이 되셨고, 모든 불안과 공포에서 벗어 나는 평안을 주셨다. 그러므로 그분의 성취는 구약을 온전히 살아 내신 것이고, 구약의 계시가 예수를 통해 완전한 현실이 된 것이다.

정의와 공의의 하나님 나라

세 번째는 정의와 공의를 행하는 삶의 강조이다. 하나님은 자신을 대신해 세상을 하나님의 목적에 맞게 다스릴 사람을 지으셨다. 그 첫 사람은 죄를 범하여 하나님의 목적에서 벗어나 하나님의 다스림 을 이루지 못했다. 그러나 죄로 인해 하나님의 계획이 무너지지 않 도록 하나님은 아브라함을 통해 민족을 이루어 구원이 이어지고 생 명을 살리는 역사를 펼치셨다. 성경은 아브라함과 이스라엘을 선택 해 여호와의 도를 지키고 공의와 정의를 행하는 것이 하나님의 다 스림이라고 한다.

　우리는 개인 구원에 초점을 둔 교회 생활을 하고 있다. 그렇게 된

데에는 여러 이유가 있겠지만, 바울이 교회를 세우며 십자가와 부활을 강조한 복음을 교회의 전부로 삼고, 타락한 중세교회를 흔들어 깨운 이신칭의를 복음의 핵심으로 한 서구 신학을 무비판적으로 수용한 결과다. 또한 구약성경을 깊이 이해하지 못하고, 국가적인 성격을 가진 구약을 무시한 탓도 있다.

성경에서 가르치는 구원은 단지 죽음 이후의 천국 선물을 나타내지 않는다. 구원은 오늘을 하나님의 통치 속에 사는 것이고 그분의 왕 되심을 인정하는 것이다. 하나님 나라는 내세만이 아니라 오늘을 그날처럼 살아가는 비전으로 정의와 공의를 실현하는 성도의 세계다. 부활도 단지 죽음 이후에 영원한 육체가 되는 것이 아니라 불의한 현실에서 하나님을 의지하며 믿음으로 살아가는 힘과 소망이다. 유혹과 고통이 있어도 우리와 동행하시는 하나님에 대한 신뢰로 정의와 공의를 이루어야 한다.

우리 현실과 연결된 하나님 말씀

서구 신학의 무비판적 수용과 구약에 대한 경시로 우리의 성경 읽기는 매우 협소해졌다. 성경 읽기와 묵상과 설교가 개인의 만족, 위로, 결단, 도전 정도에서 멈추었다. 성경은 우리를 이 땅에서 큰소리치며 사는 사람으로 키우는 것이 목적이 아닌데 우리는 성경을 통해 자신의 한계를 뛰어넘어 세상에서 뛰어난 사람이 되려고 한다. 이러한 사적인 성경 해석이 어느새 교회의 주류가 돼 있다.

이런 성경관은 사회 구조적 모순과 문제 앞에서도 자신의 문제와 죄와 구원에만 집중하게 한다. 그래서 부패한 권력과 정부에 협력하며 우월한 위치에 서려고 노력하기도 한다. 그러나 성경은 나를 넘어 주위를 살피고 사회와 국가를 보는 눈을 제시한다. 성경을 읽고 말씀을 듣는 것은 그저 내면에서 관념적으로 머무르게 하지 않고, 사회의 불의와 참상 앞에 선지자적 소리를 발현하게 한다. 구약의 이스라엘과 신약의 교회에게 들려주신 하나님의 말씀은 오늘도 우리에게 공동체적으로 들려주신다.

구약에 기록된 재판 제도와 통치자의 기준, 사회 제도에 관한 규정(안식년과 희년과 면제년), 신약에서 권세와 정부에 관한 말씀은 공동체적으로 적용해야 하는 말씀이다. 성경은 끊임없이 가난하고 소외되고 연약한 자를 향한 긍휼과 실천을 강조한다. 정성 어린 십일조와 예배보다 올바른 백성으로의 삶을 강조한다. 사사로운 집단이 아니라 정의로운 공동체가 되길 소망한다. 우리의 성경 읽기는 지금 어디를 향하고 있는가?

5부 시대와 사명

교회가 이 시대에 펼쳐야 할 사명
이 무엇인지 역사, 종교, 사회적
분석을 다루는 내용을 담았다. 교회
는 예수님의 사역을 이어가는 곳
이다. 긍휼이 풍성한 곳이 되어야
한다. 아픔이 서려 있는 곳으로 달려
가야 한다. 예수님의 눈물이 있는
곳에서 우는 자들과 함께 울 수 있
어야 한다. 근본주의로 왜곡된 기독
교를 벗어나 그리스도의 사랑을
드러내는 기독교로 거듭나고, 이
시대에 맡겨진 사명의 길을 바르게
걸어가길 소망한다.

인생을 긍휼히 여기라

교회는 감당해야 하는 역할과 사명이 있다. 교회는 근본적으로 구원과 하나님 나라와 복음 전도와 양육에 힘써야 한다. 교회가 세상 어디에서든 들을 수 있는 말을 한다면 사람들이 교회에 올 이유가 없을 것이다. 교회는 세상에서 들을 수 있는 말이 아니라 이곳에서만 들을 수 있는 말을 해야 한다. 사람들의 소원보다 하나님의 소원이 무엇인지 선포해야 한다. 교회는 거룩한 음성과 능력이 충만해야 하는 곳이다.

교회는 현재 살고 있는 시대에 감당해야 하는 역할이 있다. 본질적으로 교회가 추구해야 하는 소명이 있지만, 시대에 따른 사명이 있는 것이다. 초대교회 때 교회는 예수님의 신성과 인성의 문제와 삼위일체의 믿음에 목숨을 걸며 교리를 정립했고, 중세에는 부패한 로마 가톨릭으로부터 성경의 믿음과 영광의 교리를 회복했듯, 시대마다 주어진 과제가 있다. 근대에 들어서면서 이성과 과학의 세력 앞에 진리를 지키기 위해 싸웠다. 시대마다 치열한 난제가 있었다.

예수님 시대나 우리나라 선교 초기에는 귀신의 세력과 어둠의 영이 개인과 가정과 사회를 강력하게 휘감아서 공포로 몰아넣었다. 하지만 오늘날처럼 과학과 의학이 고도로 발달한 사회에서는 이전의 형태로 영적 전쟁이 일어나지 않는다. 오히려 법과 제도, 기업, 사회, 국가의 여러 시스템을 통해 어둠의 영이 역사하여 인간의 인격과 권리를 파괴하는 일이 벌어지고 있다.

이렇듯 교회는 사회문제와 그 속에 놓인 인간의 삶과 떼려야 뗄 수 없다. 교회는 그리스도의 피로 사신 유일한 곳이지만, 세상 안에서 사람의 아픔, 눈물과 함께하는 곳이다. 사회와 공감하지 못하고 사람과 어울리지 못한 교회는 존재할 이유가 없다. 예수님께서도 초막 셋을 변화산 위에 짓고 싶다고 한 제자들에게 산 아래로 내려가서 교회의 역할과 사명을 수행하라고 말씀하셨다.

교회는 시대마다 사명이 있었다. 어느 종교나 자신의 종교와 교리가 보편적인 법과 기준이 되길 원한다. 그러나 이러한 욕심과 목표가 과도하면 근본주의가 되어 반대자를 대적하며 사회를 혼란스럽게 한다. 근본주의는 자신의 전통과 역사를 지키는 데 사명을 걸지만, 타인의 자유와 생명까지 위협하는 악이 될 수 있다.

오늘날 교회는 근본주의에 많은 영향을 받았다. 전통적으로 교회는 보수적인 가르침을 펼치며 개인 구원에 국한된 분위기였다. 복음이 가진 우주적이고 포괄적인 능력을 제대로 다루지 못했다. 주님의 구원도 개인의 미래와 영생을 위한 보증수표 정도로 축소되고 제한되었다. 주님이 가르치신 복음과 구원은 총체적이고 우주적인데 우리가 사는 시대와 선생의 한계로 일부만 강조되었다.

이 시대 교회는 여전히 구원의 복음과 영생을 전해야 한다. 모든 것을 상대화하는 것을 넘어 해체하는 시대에 많은 사람이 갈등을 겪고 방황하고 있다. 삶의 목표가 지극히 개인화된 시대에 바르고 분명한 목표를 제시하는 곳이 필요하다. 인간이 본성을 추구하고 감정대로 모든 것을 선택하는 습성은 사회를 어지럽히고 분열시킨다. 종교마저 개인화되고 모임은 사교 집단화되고 있다.

어둠의 권세는 여전히 여러 제도를 통해 활개친다. 저명한 신약학자 월터 윙크는 '개인의 사로잡힘'이 있다면 '집단의 사로잡힘'도 있다고 했다. 전자도 한 인격을 무력화시키고 불법을 추종하게 만드는 무서운 현상이지만, 이것이 집단으로 일어난다는 것은 걷잡을 수 없는 분열과 파괴를 초래한다. 현재 우리 사회와 세계는 두 가지의 현상이 모두 일어나고 있다.

교회는 개인의 구원을 위해 존재한다. 그러나 사회의 구원과 우주의 회복과 만물을 충만케 하는 일을 위해서도 존재한다. 교회의 사명은 협소하지 않고 광대하다. 이제는 교회가 사회와 인간을 대할 때 이전처럼 단순히 복음 전도의 열매로 접근하는 것은 근본주의적 발상이다. 모든 사람이 하나님의 형상으로 회복되길 바라면서 선한 목적과 꿈을 향해 살도록 돕는 긍휼의 마음이 필요하다.

현대에는 아픈 사람이 너무 많다. 병원에서 진찰받아도 병명을 모를 정도로 신음하는 환자가 많다고 한다. 정신적으로 영적으로 무너져 있어서 고통의 원인조차 모르고 방황하는 자들이 처처에 있다. 공중의 권세 잡은 세력은 사람을 더 비참하게 만들고, 사회에는 비인간적이고 비인격적인 일이 만연해질 것이다. 악한 영은 우는 사자처럼 움직일 것이다.

이런 시대에 교회의 사명과 역할은 막중하다. 시대마다 교회에 주어진 임무가 있듯 오늘날 우리에게 주어진 교회의 미션이 있다. 성공 신화를 추구하던 시대에 편승해 교회가 성장해 왔다면, 이제는 그 후유증으로 신음하는 사람들 안으로 들어가야 한다. 인생의 목적이 없어서 방황하는 자들 옆에 서서 우리를 새롭게 하시는 예수님 곁으로 인도해야 한다. 이기적인 교회를 벗어나 이타적인 교회로 존재해야 한다.

이 챕터에는 교회가 이 시대에 펼쳐야 할 사명이 무엇인지 역사, 종교, 사회적 분석을 다루는 내용을 담았다. 교회는 예수님의 사역을 이어가는 곳이다. 긍휼이 풍성한 곳이 되어야 한다. 아픔이 서려 있는 곳으로 달려가야 한다. 예수님의 눈물이 있는 곳에서 우는 자들과 함께 울 수 있어야 한다. 근본주의로 왜곡된 기독교를 벗어나 그리스도의 사랑을 드러내는 기독교로 거듭나고, 이 시대에 맡겨진 사명의 길을 바르게 걸어가길 소망한다.

가장 세속화된 곳에서 피어나는 꽃

《초대교회사 다시 읽기》, 최종원, 홍성사

#교회역사 #오늘날한국교회 #기독교교리 #공동체 #역사연구와숙고

초대교회로 돌아가자는 것

"초대교회로 돌아가자"는 구호를 오랫동안 들어왔다. 신학교에서도 "아드 폰테스(Ad Fontes, 근원으로 돌아가자)"라는 소리를 많이 들었다. 이러한 외침이 기독교 전반에 걸쳐 일어나는 것은 좋은 시도이지만 한편으로는 그만큼 지금의 교회가 원래의 모습을 잃어버린 타락한 모습이라는 방증이다. 그래서 다시 본질을 회복하고 본연의 모습을 찾고자 하는 열정이 간절하다.

초대교회로 돌아가자는 것은 무슨 의미인가? 그런 운동과 열정이 하나님이 꿈꾸시고 예수님이 이루신 교회를 되찾게 했는지 되물어본다. 오히려 그런 소리가 커질수록 더 딱딱해지고 고립화되고 편협해지지 않았는가? 대부분의 사람은 초대교회로 돌아가자는 말을 교회의 부흥과 친밀한 교제로 이해한다. 핍박과 환란 가운데서도 당당히 순교하는 믿음의 모습을 보기 어렵다.

물론 그런 생각이 틀린 것은 아니다. 하지만 초대교회로 돌아가자고 할 때 우리가 중요하게 봐야 할 부분이 있다. 지금까지의 초대교회사를 신학과 교리의 형성과 확립의 과정으로 공부했다면, 이제는 역사적인 관점으로 봐야 할 필요가 있다. 초대교회사뿐만 아니라 중세와 종교개혁, 근현대 교회사까지 그동안 정통과 교리의 형성으로 살펴본 것이 주류였는데 이제는 교회사적 관점을 넘어 그 시대의 역사와 문화의 흐름에서 조명이 필요하다.

초대교회의 성장

초대교회는 놀라운 성장을 경험했다. 예수님 당시의 활동 지역을 넘어 소아시아와 유럽까지 확대된다. 유대교의 핍박과 로마의 박해 가운데서도 소멸하기는커녕 더 뻗어갔다. 그 이유가 무엇일까? 정통 교회를 확립하고 이단을 정죄해서 그런 것이 아니다. 이단이 발생한 것도 그 시대의 타락한 교회를 회복하기 위한 몸부림에서였으며, 억울하게 정죄당한 배경에도 정치적인 이유가 있었음을 무시할 수 없다.

교회는 흩어진 세력 중심으로 더 견고해졌고 교회의 믿음은 사람들에게 귀감이 됐다. 그 이유가 무엇일까? 그들은 나와 신학이 다르다는 이유로 판단하고 정죄하지 않았다. 상대를 차별하고 자기의 옳음을 입증했기에 확대된 것도 아니다. 자신의 구원과 방법론을 절대적으로 신봉하며 타인을 지옥으로 보내어 오직 구원이 여기에만 있다고 신성시해서 퍼져나간 것도 아니다.

타자를 향한 교회

교회는 유대교처럼 선민의식을 가지고 법으로 사람을 차별하고 구별하며 사회를 섬기지 않았다. 로마처럼 인간을 하나님의 자리에 올려서 모든 경배를 요구하는 협박과 회유와 강요로 다가가지 않았다. 교회는 유대교의 잘못된 구원관과 인간론을 무너뜨리고 하나님의 선택을 받은 유대인이 아니라 예수님을 믿고 따르는 변화된 자들을 통한 구원을 전했다. 구약에서부터 내려오는 자기중심적 종교를 벗어나 타자를 향한 교회로 거듭났다.

또한 교회는 신분제 사회로 계급화된 로마를 넘어 인류애와 평등을 실천했다. 고아와 가난한 자와 과부와 여성들을 파격적인 사랑으로 섬겼다. 쓰다가 언제든지 버릴 수 있는 노예들을 거두어 동등한 형제로 인정하고 사랑했다. 교부들도 여성의 가치를 무시하고 비인격적으로 대했지만, 교회는 여성을 존중했다. 로마의 핍박 속에서도 여성을 보호한 교회의 모습은 귀족들에게 충격을 주어 상류층에도 개종이 활발히 일어났다.

그 충격과 감동이 얼마나 컸던지 점점 더 기독교인의 수는 늘어났고 교회는 커져갔다. 교회는 당시 사회가 가진 인간의 경계를 허물고 사랑의 가치를 실현했다. 사람을 나누어 차별한 시대였지만 교회는 기득권을 고집하는 곳이 되지 않았다. 물론 시간이 흐르면서 제도화된 교회가 변질해 세속화되었지만, 초대교회는 정죄, 혐오, 배제가 없었고 파격적인 사랑을 나누었다.

한국의 초기 교회와 지금의 교회

우리나라 초대교회사를 봐도 교회가 사회의 개혁과 변화의 선두 주자였다는 것을 알 수 있다. 술과 첩과 도박으로 사회가 문란할 때 교회는 바른 정신을 일깨운 주체였다. 천민으로 태어나면 동물 취급받던 시대에 인권을 회복시킨 곳이었다. 여성을 남성의 부속물로 여긴 시대에 여성의 권리를 신장한 곳이었다. 이렇듯 우리나라의 초기 교회도 사람들에게 존경과 사랑을 받았다.

지금 우리의 교회는 어떤 곳이 되었는가? 여러 개로 나뉜 교단은 어떤 역할을 하고 있는가? 교회가 사람들로부터 지탄받고 공격의 대상이 된 것은 한두 해가 아니다. 더구나 세습과 관련해 상식적으로 이해할 수 없는 말로 자기 교회를 지키는 모습에 기존 성도들도 교회에 크게 실망했다. 교회답지 못한 모습에 교회를 떠나는 가나안 성도는 큰 폭으로 늘고 있다.

해마다 각 교단 총회가 열리는 때에 흘러나오는 뉴스는 현재 교회와 목사의 수준을 드러낸다. 자기 교단 신학과 기득권을 지키기 위해 제도권 밖에서 성경적 가치를 추구하고 하나님 나라의 실현을 위해 일해 온 단체들을 불온하게 여겨 이단 검증을 한다. 하나님 나라를 방해하고 교회의 영광을 가로막는 적들은 따로 있는데 도와주고 지원해야 할 단체들을 정죄하려 든다. 세상 사람들로부터 외면당하는 교회였는데 이제는 교회 안의 사람들까지 등을 돌리게 만들고 있다.

초대교회 역사를 다시 읽어 보니 변방에서부터 변화와 회복의 불꽃
이 피어났음을 알 수 있었다. 상류층과 기득권 세력에서부터 교회
의 부흥이 번진 것이 아니라 소외되고 아파서 울고 있는 낮은 곳에
서 사랑과 회복이 피어나기 시작해 확장했다. 사랑을 행한 교회는
사회와 역사와 함께했고 어긋난 질서를 바르게 하는 역할을 했다.
비록 기독교가 공인되어 제도화되면서 세속화되는 안타까운 모습
도 있었지만, 여전히 낮은 곳에서 울리는 외침에 능력이 있다.

또한 교회는 산속이나 동굴에 존재하며 고립되지 않았다. 당시
무역로나 상인들의 활동을 통해 복음이 전해져 도심 안에 자리 잡
았다. 가장 핍박이 심하고 세속화되고 우상이 넘치는 곳에서 교회
는 교리를 넘어 인간을 사랑했고 생명을 존중하고 인권의 회복을
꽃피웠다. 교회는 인류의 보편적 가치를 외면하지 않고 실천하는
근원지였다. 사람들에게 인정받고 신뢰받는 곳이었다.

현대 교회는 비난과 지탄의 대상이 되었다. 이미 도덕적 주도권
을 빼앗긴 지 오래고 반사회적이고 반역사적인 곳이 되었다. 그리
스도인은 시대의 소리를 듣고 역사의 흐름을 읽으며 사회의 고통에
대한 책임의식을 가져야 하는데 세상보다 더 세속화되어 자기 성을
짓는 무리가 되고 말았다. 이제는 서구화된 틀을 벗고 신학의 지평

을 넓히며 인류의 보편적 가치를 소중히 하는 교회가 되어야 하지 않을까? 《초대교회사 다시 읽기》의 흥미진진한 역사를 읽으면서 이 시대 가장 세속화된 곳에서 사람들의 마음을 얻은 교회의 모습을 그려 본다.

Change Luder to Luther

《루터의 재발견》, 최주훈, 복있는사람

#종교개혁 #프로테스탄트 #신학의개혁 #시대의개혁

#질문과소통 #예술과종교개혁

고통의 시대에 부름받은 루터

2017년은 종교개혁 500주년을 맞이한 해다. 타락하고 부패한 로마교에서 루터라는 한 사람에 의해 희망의 씨앗이 심어졌다. 역사적으로 볼 때 루터가 아니었어도 누군가 일어나 종교적으로 황폐한 시대의 변화를 이끌어야 했다. 만약 죽어 있는 말씀을 살려내지 못하고 중병이 든 교회를 향해 소리치지 않았다면 죄의식은 소멸했을 테고 이것은 교회의 소멸로 이어질 수 있는 부패한 시대였다.

이런 고통의 시대에 루터가 하나님의 부르심을 받는다. 아우구스티누스 수도원에서 철저한 고행과 금욕을 실천해도 그의 영혼은 시들어만 갔다. 로마의 수도원은 물질과 권력에 물든 교회와 교황과 사제들로 부패해 있었다. 신앙, 구원, 교회에 대한 혼란을 겪던 중 신약성경을 연구하다 복음의 능력을 경험한다. 캄캄한 어둠 가운데 생명의 빛줄기가 그를 향해 쏟아진 것이다.

그의 본 성은 'Luder'다. 그 뜻은 동물을 유인해서 죽이는 '유혹하는 사냥꾼'이다. 그러나 복음의 정수와 하나님의 구원을 깨달은 후 그는 'Luther'로 개명한다. '자유인'이라는 뜻을 가진 헬라어 'ελευθερος'에서 앞뒤의 'ε', 'ος'만 빼고 'λευθερ'만을 취하여 자신의 존재와 정체성을 드러냈다. 그가 살던 시대는 전자인데 그는 후자로 살아가며 기쁨을 얻는다.

중세는 종교적 특심이 있었지만, 신앙적으로 역사상 가장 부패했다. 그 시대 루터에 의해 종교개혁이 일어나 하나님의 교회가 새 생명을 얻게 되는 세기적 사건이 일어났다. 저자는 이 책에서 종교개혁 당시의 역사적 시대적 배경을 자세히 소개했다. 루터교 목사로서 그 역사적 현장으로 우리를 안내하고 친절하게 설명한다.

시대의 고발로만 채우지 않고, 오늘날로 연결해 우리 교회가 어

떻게 변해야 할지를 제안한다. 책은 '질문, 저항, 소통, 새로운 공동
체'라는 네 가지 주제를 중심으로 9장으로 구성되어 있다. 저자는
루터의 신학과 사상을 계승한 목사로서 학문적 지식과 목회적 사랑
으로 교회가 새로워지길 원하고 있다. 중세의 타락한 교회에서 개
혁된 교회가 이어져 왔는데 현시대의 교회는 개혁의 대상이 되었
다. 아이러니가 아닐 수 없다.

성경: Change Luder to Luther

나는 이 책에서 강조한 종교개혁 정신과 루터 사상을 세 가지로 써
보고자 한다. 우선 성경의 회복이다. 당시 교회의 언어는 라틴어였
고 모든 예배에서 라틴어를 사용했다. 이 성경은 교황과 사제에게
만 주어진 특권이며 그들은 이를 통해 신비한 존재로 군림했고, 신
자들을 유혹하는 도구로 이용했다. 루터에게 놀라운 자유를 준 성
경이, 성도를 언어로 막아 놓고 사냥하고 있었다.

　실제로 로마교는 마음과 눈과 귀가 닫힌 성도에게 죽음에 대한
공포를 심어 주고 면죄부를 팔며 종교 장사를 했다. 언어로 차단된
교회는 높은 뜻이 낮은 곳으로 내려와야 하는데, 부패한 권력자들
때문에 폐쇄적인 공동체가 되었다. 이들은 하늘을 향해 커튼을 치
고 자신만의 성벽을 높이 쌓고 성도들의 혈을 뽑아냈다. 성경의 사

유화는 교회를 장사판으로 만들었고 지도자를 변질시키고 성도들을 무지하게 만들었다.

그래서 루터는 독일과 독일 교회를 위해 성경을 번역했다. 그는 죽기까지 개정을 거듭하여 하나님의 말씀이 민중 속으로 들어오게 했다. 그리하여 성도는 참과 거짓을 분별하고 거룩과 자유를 누렸다. 생명의 말씀이 독점되지 않고 대중에게 보편화된 것은 개혁 중의 개혁이다. 이것은 불통의 시대를 소통의 시대로 바꾸었고 높은 여리고 성을 무너뜨린 혁명이었다. 자유를 주는 복음을 읽을 수 있고 소유할 수 있게 된 가치는 아무리 강조해도 지나치지 않을 것이다.

보편과 일상: Change Luder to Luther

우리는 종교개혁 정신을 칭의로 제한하는 오류를 범한다. 그러나 종교개혁은 교회의 울타리를 넘어 정치, 교육, 복지, 사회제도, 문화 등 모든 인간 활동에 영향을 끼쳤다. 즉, 종교개혁은 교회의 소유가 아니라 교회로부터 세상 곳곳으로 흘러갔다. 그래서 교회는 자신들의 '바름'으로 상대의 '다름'을 적대시하는 오류에서 벗어나, 예수의 정신과 사상을 세상에 흘려보내는 데 힘써야 한다.

종교개혁의 정신이 잘 녹아 있는 유럽의 선진국을 보면 이 위대한 사상이 사회를 회복하고 구원했음을 알 수 있다. 물론 완벽하지는 않겠지만 기본적으로 인권과 생명 존중, 약자를 향한 배려와 나눔의 실천이 소중한 가치로 여겨지고 있다. 그에 비해 오늘날 우리는 '개혁'이라는 가치를 나와 반대편에 있는 자를 정죄하고 배제하고 혐오하며 사냥하는 도구로 사용한다. 개혁이 지닌 자유의 정신을 상실한 압박이 개혁으로 사용되고 말았다.

또한 종교개혁은 우리에게 일상의 소중함을 일깨운다. 이분법적인 신앙으로 교회와 예배와 성인의 유물만 소중한 것이 아니라 우리가 살아가는 장소가 거룩한 장소이고 우리의 소소한 일상이 예배라는 것을 가르쳐 준다. 쫓기는 듯 살아가는 자들에게 하루가 주는 미소와 행복을 발견하도록 도와주고 성도는 제사장이라는 고귀한 직분으로 이 땅을 섬기는 사명자라는 것을 알려 준다.

목사: Change Luder to Luther

중세 시대에 교회의 타락과 몰락은 성경을 읽지 못하는 성도들 때문에 일어난 것이 아니라 성경을 독점화하고 권력의 절정에 있던 교황과 사제들 때문에 발생했다. 이들은 교회를 수치스러운 세상의 영광으로 높은 담을 쌓아 회칠한 무덤으로 만들었다. 교회를 통해 하나님의 미래를 여는 역할을 해야 하는데 교회를 통해 미래를 닫는 주역들이었다. 유럽의 전염병 때문에 무자격자들을 선발하고 성직매매로 사제를 임명하고 족벌주의로 성직을 나눠 먹었다.

로마교는 사제를 선발할 때 교황이 안수하면 사도성이 계승되고 인간이 파할 수 없는 신적 능력이 주입된다고 보았다. 또한 루터의 개혁 이후에 이 개혁 정신이 독일 전역에 스며들지는 못했다. 이 복음의 자유를 오용하여 게으름과 나태함에 빠진 목사들이 있었고 이들은 교회의 말씀을 허물었다. 그래서 루터는 그들을 향해 차라리 개집이나 지키라고 했다. 생명 걸고 무너진 것을 세우고 굽은 것을 곧게 펴고 험한 것을 평탄케 하였더니, 그것을 유지해야 할 목사들이 망치고 있었다.

그래서 루터는 이렇게 사냥하는 목사가 아니라 자유를 주는 목사를 세우기 위해 공동체에서 직무를 부여했다. 루터와 함께 운동한 요하네스 부겐하겐(Johannes Bugenhagen)은 비텐베르크시 교회의 개신교 최초 청빙 목사가 되는데 그는 로마교의 안수로 세워진 것이 아니라 교회와 대학과 시의회의 통과로 직분을 받았다. 이로부터 목사는 신앙과 지성과 사회적 인격을 갖추어 복음의 자유에 합당한 사람이어야 함을 보여 주었다.

루터는 전통과 구습을 향해 질문하고 부패한 종교와 권위를 향해 저항했으며 하나님과 인간의 막힌 담을 넘어 소통을 시도했다. 그리고 새로운 공동체를 꿈꾸었는데 그것은 바로 교회였다. 그는 권력화되고 사유화되며 하나님의 이름으로 제국을 만드는 썩어가는 교회를 고치길 원했다. 자격 없고 무능하고 자기 위장만 생각하는 지도자들을 성직자로 인정할 수 없었고 끌어내려야 한다고 생각했다.

그래서 그는 성직자의 개혁을 외치면서 성도 한 사람 한 사람이 진리를 분별하고 정의와 공의로 가득해지길 원했다. 그들이 거짓 교회를 거부하고 바른 교회를 세워갈 수 있으며 개혁의 정신을 이어갈 수 있다고 보았다. 이런 면에서 당시 성도에게 주어진 만인제사장과 직업소명론은 시대와 교회를 개혁하기에 충분했다. 부패한 교회는 성도를 사냥하려고만 했지만, 루터는 복음과 믿음으로 자유를 주었다.

오늘날 우리 교회는 어떤가? 권위적이고 폐쇄적이며 비상식적이고 비윤리적인 일들의 온상이 되었다. 하늘과의 소통, 세대 간의 소통, 세상과의 소통이 모두 불통이라고 알려졌다. 중세의 교회처럼 하나님의 이름으로 많은 범죄를 행하고 성도를 압박하는 곳이 된 것은 아닌가? 안타깝게도 개혁을 추구하며 탄생한 교회가 개혁의 대상이 되어버렸다. 완전히 무너지기 전에 변화의 가능성은 얼마나 있을까? 루터의 재발견을 통해 지식을 쌓는 유희를 넘어 우리의 현실을 재발견하고 새로운 교회를 그려 보는 시간이 되었다. 절절한 아픔이 느껴진다.

《역사의 그늘에 서서》, 디트리히 본회퍼, 카를 바르트, 헬무트 골비처,
게르하르트 에벨링, 루돌프 불트만 글, 진규선 옮김, 감은사

#승리는하나님께속한것   #믿음의시각   #도발로서의설교   #히틀러치하_독일신학

교회가 세상을 보는 방식

역사의 주관자는 하나님이시다. 부패한 교회, 악취가 풍기는 사회,
타락하여 부도덕한 지도자의 시대에 우리가 할 수 있는 일은 무엇
일까? 하나님이 때에 맞는 사람을 세우신다는 주권을 믿고 그 정권
과 지도자를 지지하기도 한다. 종교와 정치권력이 거래를 하고 지
도자를 신격화하며 대중이 그를 신뢰하고 기도하게 이끄는 교회가
있다.

한편 교회는 오직 복음만을 전해야 한다는 지고지순한 교리 아래 사회와 담을 쌓고 사람들의 아픔을 외면한 채 자기 길을 가기도 한다. 정치와 종교는 분리되어야 한다는 뜨거운 감자 아래 눈과 귀를 닫고 억울한 소리를 무시하며 오직 예수만 외치는 교회가 있다. 교회 안에는 다양한 사람과 여러 견해와 정견을 가지고 있기에 서로를 위해 침묵하고 오직 예수만 외쳐야 한다는 것이다.

또한 교회는 병들고 썩은 사회에 예언자적인 소리를 내야 하고 독재적이고 비인격적인 지도자에게 경고해야 한다는 의견도 있다. 종교와 정치가 분리될 수 없기에 교회는 사회가 생명을 중시하고 이타적 공동체가 되도록 힘쓰며 인간 존재가 더 이로워지는 역할을 해야 한다고 한다. 그러나 역사 속에 이런 교회는 늘 소수였고 가시밭과 고난의 길을 걸어왔다. 그렇다면 사회와 세상을 향해 교회가 할 수 있는 일은 무엇일까?

어두운 역사에 몰드는 교회

이 책은 참담하리만치 어두운 역사인 히틀러 치하에서 선포된 다섯 편의 설교를 담았다. 1부는 역사적 배경으로 히틀러가 어떤 인물이며 나치 정권은 어떻게 교회를 이용했고 유대인 및 약자들에게 어떤 악행을 저질렀는지 소상하게 밝히고 있다. 교회 강단과 제단에 나치 깃발을 세우고 히틀러를 신격화하고 모든 교회를 변질로 이끌고 복종시키는 그들은 악마의 화신처럼 등장한다.

이들은 유대인 학살을 확대하고 교회의 지원을 얻기 위해 예수를 유대인에서 아리안으로 바꿔버린다. 구약성경은 사용하지 못하게 하고 신약을 자기 정권에 이용한다. 나치는 세계를 인종으로 구분하여 아리안 민족만 우월하고 가장 뛰어난 족속으로 홍보하며 세계를 인종 전쟁의 무대로 만든다. 유대인은 독일 민족을 시기하고 위협하는 세력이라고 할 뿐만 아니라 게르만과 다른 민족 또한 적대시하도록 설정한다.

히틀러는 초기 집권 당시 연설을 통해 하나님의 이름을 자기 권력에 교묘히 이용한다. 자신의 정권과 독일 우월주의에 독일인의 정곡을 찌르며 하나님의 이름을 악용해 인기를 끈다. 1차세계대전 패전 이후 절망과 무덤에 앉은 그들에게 히틀러는 하나님이 보내신 메시아로 등극한다. 전쟁의 폐허가 된 곳에 거짓된 희망의 꽃이 히틀러로 인해 피어났다. 독일 교회는 분별하지 못했고 역사의 주관자는 하나님이시기에 이 절망의 한복판에 하나님이 히틀러를 세우셨다고 굳게 믿었다.

히틀러는 강한 폭력과 힘의 지배와 군림을 좋아했고 반대로 약함, 사랑, 겸손, 용서와 평화를 매우 싫어했다. 성경의 정신과 기독교 가치와는 전혀 반대되는 악의 축이었음에도 독일 교회는 하나님의 이름을 들먹이며 자신을 신격화하는 히틀러를 찬양하며 권력의 종이 되어 빵 부스러기를 얻어먹었다. 교회는 바른 신학을 가져야 하는데 정치적인 곳이 되었고, 하나님이 왕이 되어야 하는 곳에 히틀러가 자리 잡고 말았다.

책 2부에서 디트리히 본회퍼, 카를 바르트, 헬무트 골비처, 게르하르트 에벨링, 루돌프 불트만의 설교가 등장한다. 그들이 과연 히틀러 시대에 무슨 말씀을 전했는지 기대가 되었다. 가슴을 울리고 정신을 차리게 만드는 명설교들이다. 요즘 기독교방송에 돈으로 송출 시간대를 사서 나오는 기복주의에 찌든 설교와는 차원이 다르다. 피와 눈물과 무엇보다 예수의 정신이 녹아 있는 설교다. 우리 시대에 인기 있는 책과 방송으로 나오는 설교와는 너무나 다른 메시지를 볼 수 있다.

필자는 본회퍼의 설교와 에벨링의 설교가 특히 좋았다. 이들은 가슴을 울렸다. 본회퍼는 1933년 히틀러 정권이 들어선 후 교회의 비겁함과 독일군 상징을 새긴 가운을 입은 타락한 목사를 향해 열

변을 토한다. 눈에 보이는 총칼이 아닌, 오직 하나님만이 진정한 무기와 갑옷이라고 외친다. 에벨링은 사회 약자와 장애인을 무참히 죽이는 정권을 비판하고 교회를 향해서는 유대인과 작은 자들을 사랑으로 돌보고 섬겨야 한다고 선포한다.

차별, 혐오, 억압, 폭력의 시대와 교회

역사란 지금까지 세계가 흘러온 시간의 발자취와 흔적이다. 기독교는 하나님이 역사의 주인이심을 믿고 지금도 여전히 하나님이 세계를 다스리고 통치하신다는 것을 인정한다. 하나님은 시대가 부패하고 무너져 갈 때마다 하나님의 교회와 사람들을 통해 역사의 전환을 이루셨다. 아울러 역사에는 늘 피해자와 고통당하는 자들이 있는데 하나님은 그들의 눈물을 닦아 줄 교회를 원하셨다.

우리가 기억해야 할 중요한 역사의식은 온 인류에 하나님만이 만왕의 왕이시고 진정한 주인이시라는 것이다. 역사 속에서 인간이 신이 되었던 제국과 왕들은 하나님의 심판이 따랐다. 인류의 역사는 신격화된 왕의 절대권력이 펼친 전쟁과 정복의 역사다. 반면에 하나님은 평화와 사랑과 정의를 이루어 가신다. 인간이 하나님이 되면 하나님은 반드시 그 제도와 제국을 무너뜨리셨다.

히틀러 치하의 독일 대부분의 교회는 히틀러를 신격화하고 나치 정권에 동조했다. 예수님의 가르침과 성경의 정신을 무시한 채 민족주의와 정권에 사로잡힌 기관으로 전락하였다. 교회 중앙에 독일군 상징을 세우고 히틀러의 사진을 걸어두고 그들의 노래를 불렀다. 역사를 이해하고 하나님의 주권을 신뢰하는 대신, 자신의 기득권과 이익을 위해 강력한 사람을 추종하고 권력과 손잡아 목숨을 유지하기에 급급했다.

교회가 하나님의 평화와 정의를 세우고 외쳐야 하는데 권력을 쥔 인간을 찬양하고 차별과 혐오와 배제를 주도했다. 나치를 따르지 않거나 힘이 없고 열등한 사람과 장애인을 멸절하는 데 동조했다. 교회가 사회의 타락을 막고 독재자의 횡포를 견제하고 예언자가 되어야 하는데 그 반대가 되었다. 목사는 하나님의 종이 아닌 권력의 종이 되었다. 역사에서 이런 교회에는 하나님이 없어 보인다. 그러나 그런 어둠의 시기에 하나님은 당신의 사람을 통해 말씀하셨다.

우리의 의식

한국 기독교와 교회는 역사 속에서 과오만 저지른 것은 아니다. 시대와 민족을 위해 계몽과 구제에 힘썼고, 교육과 의료, 복지를 위해 사회 공헌을 펼쳐왔다. 과오보다 도움이 되는 일을 훨씬 많이 해왔다. 가난을 해결하고 사람이 존엄하게 살고 사회가 발전하도록 교회는 여러 모양으로 헌신하였다. 이 시점에서 성경의 역사의식을 가지고 우리가 바르게 바라보고 개선하고 회개해야 할 점들은 없을까?

일제강점기의 교회는 신사참배를 했고 일본의 앞잡이가 된 죄가 있다. 해방과 한국전쟁을 거치며 좌우를 분별하지 못한 극우 기독교 중심으로 이념의 노예가 되어 민간인을 학살한 죄가 있다. 군사 정권의 하인이 되어 그들을 찬양하고 그들의 부스러기를 먹은 수치가 있다. 그렇다면 요즘 교회에는 어떤 일들이 일어나고 있고, 교회는 무슨 메시지를 선포해야 할까? 책을 통해 고민해 본다.

하나님은 인간 왕을 심판하고 하나님의 역사를 이어간다는 흐름에서, 지금의 교회는 유튜브의 가짜뉴스와 선동에 넘어가 차별과 배제와 혐오를 일으키는 집단이 되었다. 물론 건전한 교회도 많지만, 생각보다 많은 교회가 아직도 반공에만 사로잡혀서 성경보다 이념을 추종한다. 이 논리에 근거한 교회들은 정권의 유력한 자들과 결탁하고 사이비와도 손을 잡고 심지어 신천지와도 하나가 된다. 반대하는 자들은 적으로 만들고 편 가르기에 앞장선다.

교회는 정부가 모든 질서를 바르게 세우고 모든 사람이 평등하게 기회를 제공받고 정직과 성실이 통하는 사회가 되도록 힘쓰도록 해야 한다. 하나님이 세우신 일반 은총이 사회에 잘 이루어지도록 하는 촉매가 되어야 한다. 반지하에 살다가 비 피해에 죽는 사람이 없도록 주위를 돌아보아야 한다. 불의하게 살면 벌을 받고 선하게 살면 상이 통하는 사회가 되게 해야 한다. 그러나 여전히 맘몬을 숭배하고 세속에 찌든 안타까운 교회의 모습이 있다.

우리 시대에 진정한 목사가 있을까? 정치에 뛰어든 목사는 기독교 가치를 실현하기보다 자신의 권력을 위해 하나님을 종으로 부린다. 거기에 동조하며 거짓 목사를 따르는 수많은 무리가 있다. 자신의 기득권, 욕망과 꿈을 위해 스스럼없이 하나님을 이용한다. 하나님은 이 시대에 누구를 사용할 것이며, 하나님의 심판은 어떻게 이루어질까?

우리가 누구에게로 가야 할까

교회는 어둠의 시대에 침묵할 수 없다. 교회는 하나님의 심정을 외치고 담대하게 선포해야 한다. 히틀러 치하에서 고백교회(편집자 주: 교회의 나치화와 교회에 대한 국가의 간섭에 반대한 교회) 목사들과 성도들은 목숨을 걸고 빼앗긴 예수님의 자리를 되찾기 위해 혼신의 힘을 다했다. 교회는 기득권을 위해 정권에 아부하는 집단이 아니다.

인간 왕을 세우고 이념에 물들어 하나님과 신학을 포기해버리는 곳이 아니다. 예수님을 왕으로 세우고 하나님보다 높아진 것을 버리는 곳이다.

지금이 히틀러 시대는 아니지만 여전히 하나님의 이름을 이용하는 자를 추종하고 이념을 위해 폭력과 혐오와 배제와 파괴를 일삼는 교회가 있다. 역사의식을 상실한 교회다. 교회는 약자를 향한 긍휼과 사회적 감수성이 풍성하여 사람을 귀하게 여기는 공동체다. 사람을 차별하고 피라미드 체제를 견고히 하고 인간의 탐욕을 긍정해주는 곳이 되어서는 안 된다.

예수님과 말씀 앞에 서면 우리의 존재는 먼저 부정되고 죄악이 드러난다. 교회는 우리의 죄를 인정해 주고 탐욕을 눈감아 주는 곳이 아니다. 우리의 우상성과 종교성을 무너뜨려서 신앙의 자유를 주고 예수의 길을 걷게 한다. 오직 예수님만 의지하고 그분에게만 희망이 있다는 것을 밝혀 주는 곳이다. 역사의식을 잃어버린 교회와 신앙이라면 자기 욕망을 위한 도구가 될 뿐이다. 역사의 그늘에 서서도 교회가 가야 할 곳은 분명하다. 이 책을 통해 우리가 누구에게로 가야 할지 가슴에 진하게 새겨본다.

《종교 중독과 기독교 파시즘》, 박성철, 새물결플러스

#기독교근본주의　#정치와신학　#공공선　#권위주의의문제　#차별금지

한국 교회의 주류로 자리 잡은 근본주의

연일 터지는 교계 뉴스가 마음을 복잡하고 부끄럽게 만든다. 기독교가 비신자들의 마음에 비호감이 되고 있는 사실이 안타깝다. 코로나19로 전 국민의 생명과 안전이 걸려 있는 시국임에도 몇몇 이름난 교회들은 방역에 비협조적이다. 방역 규칙에 어긋나는 대면 예배를 강행하며 정부를 향해 기독교 핍박과 탄압이라고 부르짖는다. 어느 지방의 캠프에서는 마지막 시대에 선교적 사명을 감당한다는 명분으로 모여 집단 감염의 본거지로 드러나고 말았다.

어느 종교나 자신이 믿는 교리와 신앙이 보편적 진리가 되기를 원한다. 작금의 교회 모습은 보편적 진리를 상실하고 상식을 실종한 상황이다. 일반 종교도 폭력성과 위해성을 포함하면 사회악이 될 수 있다. 지금의 교회는 사회악으로 비치고 세상을 어지럽히는 사교가 된 모양새다. 복음은 공공선을 추구하고 헌신하도록 하는데, 세상이 보는 교회는 이기적이고 배타적인 모습이 되었다.

한국 교회의 이러한 현상은 어디서 기인한 것일까? 한 지도자를 숭배하듯 따르고 그에게 반대하고 저항하면 거세게 폭력을 행사하는 모습을 어떻게 보아야 할까? 이전에는 기독교 근본주의자들이 군사정권에 협력해 사람들을 정치에 무관심하게 만들더니, 이제는 정치 영역에 들어가 사람들을 정치에 끌어들여 자신의 기득권을 강화하려 하고 있다. 극우로 치닫는 기독교 근본주의는 더욱 정치화되어 사회정의를 흐려 놓고 있다.

이 책은 현대 기독교와 교회의 이러한 문제를 사회적이고 정치학적으로 풀어낸 탁월한 연구서다. 신자들이 가진 근본적인 신앙의 문제를 사회병리학적으로 접근한다. 문화와 종교에 중독이 일어나듯 기독교와 교회에도 중독이 있다. 중독이 일어나는 이유는 개인의 절망과 사회의 큰 사건과 혼란으로 발생한 외상으로 인함이다. 자기보다 뛰어난 존재와 집단을 의지하기에 일어난다. 그래서 권위주의가 부패해도 그 집단이 개인에게 정체성을 부여하고 큰 의미로 작용하면서 절대성을 갖는다.

　나는 이 책을 통해 현대 기독교가 가진 문제가 무엇인지 분석하며 대안을 찾고자 했다. 이 책은 권위주의적 종교와 종교 중독의 문제를 심층적으로 분석하여 오늘날 교회와 성도에게 공적 영역의 윤리적 가치에 대해 중요한 메시지를 던진다. 사회와 대립각을 세우는 한국 교회의 원인 분석과 통찰을 보며 저자에게 전적으로 동의하고 공감했다. 그래서 내용을 요약하기보다 저자의 생각을 녹여낸 뒤 생각을 정리해보고자 한다.

변질된 기독교

기독교는 하나님과 그분이 보내신 아들 예수 그리스도를 믿고 따르는 종교다. 우리는 기독교가 하나님을 만나는 유일한 진리로 받아들이고, 그리스도이신 예수님만이 길과 진리와 생명이라고 믿는다. 기독교는 타 종교를 배척하고 공격하거나 파괴하지 않는다. 이것은 예수님이 우리에게 가르쳐 주신 정신과 사상이 아니다. 나와 믿는 것이 다르다는 이유로 타인을 향해 지옥에 가라고 저주할 수 없고, 존재를 부정할 수 없다. 그것은 곧 하나님의 형상을 훼손하는 것이기 때문이다.

기독교는 하나님 나라를 이 땅에 실현하기 위해 존재한다. 단지 죽고 난 이후 저 세상에서 눈물과 슬픔 없이 영원히 행복하게 사는 보증수표를 받는 종교가 아니다. 기독교는 자본주의를 인정하지만, 세상에서의 성공과 부를 축적하는 것을 목표로 하지 않고 사람들이 세속의 욕망을 실현하도록 부추기지 않는다. 기독교는 존재의 변화를 통해 하나님 나라를 이루고, 거듭난 사람의 지성과 사랑의 실천을 통해 하나님 나라를 확장한다.

그런데 언제부턴가 기독교는 이기적이고 배타적인 종교가 되었고 사회의 혐오를 받는 종교가 되었다. 이제는 정통 교리를 믿는 교회에 다니기에 정통 신앙인이라고 말하는 것이 우스운 꼴이 되었다. 복음은 하나님을 사랑하고 이웃을 사랑하여 하나님의 법을 성취해야 한다. 하나님을 이용하고 타인을 미워하는 행위는 복음이 아니다. 우리에게 놀라운 자유를 주는 복음이 사람들을 질리게 하는 무서운 독약이 되고 말았다.

기독교가 가진 놀라운 능력은 죄를 해결하고 구원하는 것인데 오히려 죄를 짓고 남에게 고통을 주고 있다. 예수님이 원하시는 교회의 모습이 아니다. 우리에게 복된 소식인 복음이 듣기 싫은 소리가 되었다. 우리의 영혼을 부요케 하는 복음이 우리의 물질을 부요케 하는 메시지로 변질되었다. 기독교의 신비는 예수님을 발견하고 알아가고 나를 변화시켜 가는 것인데 예수님을 오해하게 만들고 있다.

종교 중독의 문제

오늘날 교회는 그리스도를 머리로 하고 그분의 지배와 통치를 받는 곳이기보다 사유화되어 공교회성을 상실한 곳이 되었다. 교회를 개인의 재산처럼 다루어 세습한다. 복음과 신앙이 우리에게 주는 유익은 참 자유인데 교회는 자유를 빼앗고 침범한다. 천하보다 귀한 한 영혼을 소중히 여기고 그 영혼을 위해서라면 큰 사업도 중단하고 기다릴 수 있어야 하는 교회가 자기 집단의 이익을 위해 한 영혼을 쉽게 무시한다.

교회보다 더욱 권위 있는 것은 하나님의 말씀이고 교회보다 더욱 큰 가치는 하나님 나라다. 그러나 현대 교회는 교회의 외형적 성장에 몰두해 존재 가치를 땅에 떨어트리고 있다. 교회는 하나님의 임재와 말씀과 예수님을 따르는 사람들의 선행을 통해 존재와 가치를 증명해야 하는데 세상의 가치와 힘의 논리에 따른 성장과 확장을 존재의 목표로 삼았다. 그러니 권력을 추구하게 되고 권위주의가 발동하고 차별 기제가 작동한다.

교회가 세상과 영혼을 섬기기 위한 목적이 분명해야 하는데 성장과 유지라는 것에 초점을 두니 목회자는 권력형 리더십을 발휘하며 체제를 유지하는 데 급급하다. 교회가 성도들에게 자유와 평안과 세상을 살아갈 힘을 공급하는 대신, 형식을 지키는 것으로 신앙 좋음을 인정하는 거짓된 안위를 주고 있다. 교회가 정한 법과 규칙이 절대적인 기준일 수 없는데도 각자의 믿음으로 분별하는 것을 막고 무조건 순종해야 한다고 가르친다.

이런 가르침은 성도를 종교 중독자로 만든다. 중독은 그 집단과 지도자에게 종속되어 자신의 가치를 예속시키고 자신들만 옳다고 여기며 반대편에 선 자들을 적으로 몰아붙인다. 남들이 고통당하고 피해를 보아도 자신들은 진리를 따른다며 아랑곳하지 않는다. 오히려 극단적 폐쇄성으로 자신을 고립시키고 반대자들을 향해 폭력성을 드러낸다. 우리는 신앙이 이렇게 중독의 대상이 될 수 있다는 것을 기억하고 우리의 신앙이 어떻게 드러나고 있는지 점검해야 한다.

기독교 근본주의의 문제

모든 종교에는 근본주의가 있다. 근본주의는 그 종교가 지닌 기존의 전통과 질서와 사상을 고수하고 정통성을 더욱 견고히 한다. 기독교에서 근본주의가 발생한 것은 과학과 이성의 발달이 성경해석에 영향을 미쳐 성경을 비평적으로 보기 시작한 것에 대한 반동이다. 기독교의 근본 교리를 사수하기 위해 생긴 근본주의는 근대성과 현대성을 부정하고 정통과 반대편에 선 자들을 모조리 적으로 여기며 과격한 모습을 띠었다.

근본주의는 세상이 급변하며 다양한 위험과 불안에 노출된 사람들에게 도피와 안식처로써 기능한다. 교회가 바른 신학을 가지고 성도들을 세상의 소금과 빛이 되도록 도와주어야 하는데, 과학을 악으로 여기고 이성을 죄악시하며 반지성과 유사 과학이라는 문제를 낳았다. 하나님이 주신 선물인 과학과 이성을 오해하여 하나님을 자신들이 지키는 교리의 감옥에 가둔 것이다.

근본주의는 권력과 아주 친밀한 성격을 지니고 있다. 권력이 자신들의 체제와 기득권을 유지하는 것을 목표로 하듯 근본주의도 똑같은 목표를 지닌다. 기독교는 차별 기제가 더 작동하여 여성과 이슬람과 동성애 등 근본적인 교리와 다른 것을 모두 기독교의 주적으로 여기고 파괴적으로 행동한다. 게다가 자본주의를 신성한 것으로 삼고 경제적인 차별까지 정당하게 여기니 사회의 양극화를 자극하게 된다.

기독교는 근본적으로 정치적 이념과 도덕적 신념과 종교성에 뿌리를 두지 않는다. 하나님의 말씀에 기초하여 신앙의 자유를 주고 믿음을 따라 스스로 주체적으로 살게 하는 것이 기독교다. 그러나 기독교 근본주의는 권위주의적이고 차별적이고 공격적이다. 사회 문제나 사람들의 신음에 관심 두지 않으며 지극히 배타적이다. 그래서 이러한 근본주의의 성격이 강하게 드러나는 종교는 심각한 병이 들었다고 할 수 있다.

교회주의의 문제

앞에서 언급했지만, 현대 교회의 문제 중 하나는 교회가 우상이 되었다는 것이다. 건물로서의 성전은 이미 이 땅에서 사라졌다. 예수님을 믿고 중심에 성령님을 모신 우리가 살아 움직이는 성전이다. 그런데도 교회를 성전이라 신성시한다. 물론 이 공간이 가지는 특별한 역할과 기능이 있다. 그러나 성도의 모임과 성도가 가는 곳이면 어디나 예배 처소가 될 수 있음에도 모임 집단의 건축물을 절대화한다.

교회는 하나님 나라의 중개자로서 예수님의 사역을 이어가는 공동체가 되어야 한다. 자기 집단의 이익과 체제를 위한 곳은 기업이지 교회가 아니다. 교회가 체제 유지와 집단 존속을 위한 목표를 삼으면 기업화되고 대형화되어 세상을 따라가는 곳으로 일컬어질 것이다. 예수님의 말씀과 정신만이 우리를 지배해야 하는데 교회 지도자의 말이 모든 법에 우선하는 법처럼 여겨질 것이다.

교회는 우리의 일상을 파괴하고 자유를 침범하는 곳이 아니다. 오히려 우리의 일상을 돕고 하나님의 목적대로 살도록 기도해 주고 주어진 자유를 주님을 위해 살도록 지원하는 곳이다. 그러나 교회는 세속화의 물결을 거스르지 못하고, 대기업이 되어 시스템으로 작동되면서 사람의 마음을 만지지 못하는 기계처럼 되었다. 기도도 일과 체제를 위한 행위로 변질했다. 예수님이 성전을 엎으신 모습을 똑같이 재현하고 있지는 않은가.

역사적으로 전체주의는 인간을 도구화하고 희생시키면서 자신의 기득권을 유지하고 확장했다. 체제를 위해서라면 어떤 선동과 차별, 폭력도 서슴지 않았다. 전체주의 정신은 사탄의 정신이고 자신과 반대되는 모든 것을 파괴하고 허무는 정신이다. 교회야말로 전체주의에 쉽게 노출된다. 교회가 보편적인 원리와 일반 상식을 무시하고 자신만을 위한 곳이 된다면 이 사회는 교회를 더욱 혐오할 것이다.

공공선을 추구하는 교회

오늘날 교회는 비도덕적이고 비상적이며 반사회적인 집단이 되었다. 사람들의 고통에 공감하지 못하고 코로나 팬데믹에도 지도자의 말에 목숨 걸고 예배당으로 모인다. '믿음이 좋다'는 모습이 왜곡되고 중독된 것 같다. 자기 열정과 열심으로 예수님에게 수치가 되고 있다. 세상 속으로 들어가 눈물 흘리는 자들의 손을 잡아 주어야 하는데 그들의 손을 뿌리치고 자신들만의 건물에 모여서 일반인은 이해할 수 없는 눈물을 흘리고 있다.

한 선교 단체는 분쟁과 내전으로 위험한 지역 입국을 법으로 금지해 놓았는데도 복음의 서진과 하나님 나라를 위해 순교하겠다며 막무가내로 들어간다. 자신들의 당위성과 명분이 국가를 위협하고 피해를 주어도 상관하지 않는다. 자신들의 종교적 만족이 최우선이고 하나님이 기뻐하신다고 믿으니 타인의 피해와 고통은 심각해도 괜찮다고 여긴다. 예수님의 삶은 타인을 존중하고 배려하고 섬기는 것이었다.

기독교가 기득권의 이익을 위한 정당을 만들어 정치세력화되어서는 안 된다고 생각한다. 교회는 공적인 집단이다. 사회에 유익한 공동체가 되어야 한다. 우리가 믿는 복음은 공공선을 추구한다. 교회는 타인에게 피해를 주면서 세력을 형성하는 곳이 아니다. 교회는 하나님 나라를 사모하는 곳이고 그 나라는 정의와 평화를 추구하는 곳이다. 성도는 구원을 위한 발걸음을 교회에 맞추어 걸어간다.

사도행전에 보면 부흥하는 교회의 특징이 나오는데 공동체에 가
난한 자가 없었다는 점이다. 교회는 타인을 위한 급진적인 섬김을
포기하지 않는 곳이다. 타인을 차별하고 배격하는 교회가 된 것은
안타까운 일이 아닐 수 없다. 복음은 우리를 이기적이고 독한 인간
으로 만들지 않고 이타적이고 온유한 심령으로 변화시킨다. 하나님
이 우리에게 경고하는 시대에 우리가 지닌 복음이 어떤 복음인지,
우리의 교회가 어떤 교회인지 질문하게 된다.

6부 예수의 십자가

십자가의 의미를 가슴에 깊이 새길
수 있길 소망한다. 십자가는 개인
의 죄 사함과 구원을 주는 정도가
아니다. 그보다 훨씬 더 파격적인
삶의 기준과 원리와 방법이다. 세상
이 볼 때 어리석고 무모해 보이지
만 주님은 십자가의 길이 승리와
성공의 길이라고 일러 주신다. 인간
의 생각으로 도저히 감당할 수 없는
십자가의 길을 배워야 한다. 주님의
말씀에 사로잡히면 이 땅의 평화
를 위해 주님께서 걸어가게 하실
것이다.

놀라운 예수의 십자가

많은 사람이 예수님을 인류의 위대한 스승, 4대 성인 중 한 사람으로 이해한다. 배우고 따를 수 있는 스승 정도로 해석하는 사람도 있다. 또한 신학자 중에는 예수님은 평범한 인간이었으나 신앙을 연단하고 노력하여 신의 경지에 도달한 특출한 인물로 보는 이도 있다. 그러나 성경에서 말하는 예수님은 그 정도의 인간이 아니며, 성경은 그분의 인성만을 다루지도 않는다.

18세기에 이르면서 인간이 모든 것의 주체가 되는 시대가 도래하였다. 이성과 과학이 기독교 안에 들어오면서 성경을 합리적이고 분석적으로 접근하려는 시도가 있었다. 이런 방법을 통해 성경을 비평하며 이해와 해석을 더욱 풍성하게 돕는 도구로 사용한 이로운 점도 있었다. 그러나 이런 시도는 성경을 인간의 단순한 이해로는 풀리지 않는 것을 벗겨내려는 난도질로 이어졌다. 비신화화 작업을 통해 성경이 하나님의 거룩한 말씀이 아니라 예수의 추종자들이 만들어 낸 허구와 신화로 추락시켰다.

이런 작업을 통해 역사 속 예수님은 그분의 제자들이 만들어 낸 신이라는 인물로 전락하면서 성경은 인간이 자기의 집단을 위해 이기적으로 편집한 문서가 되고 말았다. 창조 때부터 현대에 이르기까지 하나님의 주권과 섭리 가운데 흘러가는 객관의 역사가 근대부터 인간이 주체가 되는 주관의 역사로 바뀌었다. 이러한 사상의 흐름은 모더니즘을 넘어 포스트모더니즘으로 흘러갔고 모든 인식의 주체는 인간 중심이 되었다.

이런 가운데 예수님은 신성에 가까이 도달할 수 있는 인간으로 전락했다. 인간도 그렇게 될 수 있는 모범적인 인물 정도로 이해된 것이다. 하늘의 영광을 모두 다 버리고 이 땅에 하나님의 아들로 오셔서 대속의 길을 걸으신 예수님의 본질과 사역에 심각한 훼손이 일어났다. 이 땅에 태어나 사셨고 죽으시고 부활하시고 승천하시고 보좌에 좌정하셨으며 다시 오실 구원자이신 예수님의 본질과 속성에 엄청난 왜곡이 일어난 것이다.

이 챕터에서는 예수님의 존재와 본성과 사역에 대하여 다룬다. 예수님이 어떤 분이시며 어떤 일을 하셨는지 그 역사적인 예수님을 조명한다. 인간의 몸으로 이 땅에 오셨지만, 하나님의 본체로서 그분의 신성과 영광과 능력이 하나님과 동등하게 높임을 받았다. 그분의 신성을 생각한다면 그분의 인성에 감탄하지 않을 수 없다. 하나님의 신성과 사람의 인성을 지닌 예수님은 우리의 구원자가 되기에 합당하셨다.

그리고 예수님이 지신 십자가를 소개한다. 저주와 공포, 반역의 상징인 십자가가 지금은 은혜와 사랑, 용서의 상징이 되었다. 이 십자가가 고대에 어떤 의미였고 예수님을 통해 어떤 의미로 변화했는지 역사적으로 조명한다. 가장 최악의 고통, 지옥의 고통을 주는 십자가를 예수님이 지셨다. 그 십자가를 통해 우리에게 전달되는 은혜가 무엇인지 전방위적으로 다루었다.

예수님의 사람은 모두 십자가의 사람들이다. 십자가에서 주님과 함께 죽고 주님과 함께 산 사람들이 그리스도인이다. 이 십자가는 과거형으로 끝나지 않고 현재도 진행 중이다. 바울은 내가 그리스도와 함께 십자가에 못 박혔다고 했다. 그는 이 표현을 현재분사형으로 썼다. 지금도 자기 육체와 옛 본성을 십자가에 못 박고 있다는 것이다. 그에게 십자가는 그의 존재와 인생에 중요한 분기점이었다.

교회와 성도는 십자가의 사람들이다. 십자가를 통과한 사람만이 예수의 제자가 될 수 있고, 주님의 고난에 동참하여 그리스도의 남은 고난을 채워갈 수 있다. 십자가는 고통이고 아픔이고 슬픔이다. 그러나 주님의 길을 가는 자는 십자가의 방법으로 사는 사람이다. 세상은 힘의 논리와 권력으로 사는 것이 성공의 길이라고 한다. 그러나 주님은 십자가를 지심으로 이 방법만이 그리스도인이 성공하는 길임을, 세상과는 정반대의 길임을 손수 가르쳐 주셨다.

선한 양심으로 살고 모든 불의와 억울함에도 대항하지 않고 묵묵히 살기는 너무나 어려운 세상이다. 양심으로 불가능하며, 오히려 복수하고 받은 대로 돌려주는 것이 세상의 법칙이다. 그러나 예수님은 악을 선으로 갚고 원수를 향해서는 복을 빌어 주라는 도저히 이해할 수 없는 말씀을 하신다. 바로 '십자가의 방법으로 살아가라'는 상식을 벗어난 말씀과 당부를 하신다. 그 길이 복의 길이라고 우리를 초청하신다.

이 챕터를 통해 십자가의 의미를 가슴에 깊이 새길 수 있길 소망한다. 십자가는 개인의 죄 사함과 구원을 주는 정도가 아니다. 그보다 훨씬 더 파격적인 삶의 기준과 원리와 방법이다. 세상이 볼 때 어리석고 무모해 보이지만 주님은 십자가의 길이 승리와 성공의 길이라고 일러 주신다. 인간의 생각으로 도저히 감당할 수 없는 십자가의 길을 배워야 한다. 주님의 말씀에 사로잡히면 이 땅의 평화를 위해 주님께서 걸어가게 하실 것이다.

《속죄의 본질 논쟁》, 그레고리 A. 보이드, 토마스 R. 슈라이너,
브루스 R. 라이헨바흐, 조엘 B. 그린 글, 김광남 옮김, 새물결플러스

#승리자그리스도   #형벌대속   #치유   #논쟁적주제_속죄   #교회사   #죽음의구원론

십자가의 의미

예수님의 십자가 죽음은 로마와 유대 종교 지도자들이 고안한 정치
적이고 종교적인 처형이었다. 로마는 자신의 체제를 따르지 않고 그
들의 법에 불순종하는 국가적인 반역자들에게 이 형을 선고한다. 평
범한 죄수에게는 선언하지 않고 국가적 수범에 해당하는 흉악한 죄
인에게 내리는 벌이다. 그래서 공개 장소에서 처형함으로 로마의 권
력을 보여 주고 황제에게는 절대 순종해야 하는 분위기를 만들었다.

유대교에서도 신명기에 근거해 나무에 달린 자마다 하나님의 저주를 받은 자라는 법이 있었다. 사람들을 미혹하고 그들의 종교를 흔들고 허무는 자와 외세의 힘을 빌려 민족을 위협하는 자는 나무에 매달아 죽인다는 규칙이 있다. 그래서 빌라도와 헤롯과는 원수인 유대 지도자들이 예수님의 사형 앞에서 하나가 되어 로마의 심판을 지지하며 예수님을 자신들의 종교로 모함해 십자가 죽음으로 내몰았다.

이렇듯 십자가는 저주와 수치와 죽음의 상징이다. 고대 앗수르에서 패잔병들을 잔인하게 죽이는 공포의 도구가 로마까지 이어져 황제의 권위를 세우는 사형제도가 되었다. 유대교에서도 율법으로 정해진 저주받은 자가 죽어야 하는 형벌이었다. 이런 저주받은 죽음의 십자가가 오늘날 생명의 상징이 되었다. 고대에 십자가의 이미지와 오늘날 십자가의 이미지는 하늘과 땅 차이다. 기독교의 상징은 십자가인데 이 속에 담겨 있는 의미는 너무 깊고 풍성하다.

네 명의 신학자가 주장하는 십자가의 이해와 설명

이 책은 기독교의 핵심 주제 중 하나인 십자가의 의미를 네 명의 저명한 신학자가 설명한다. 먼저 토마스 R. 슈라이너의 형벌 대속론이다. 대부분의 성도는 십자가를 생각하면 예수님이 우리의 죄를 사하시려고 대신 죽으셔서 우리를 깨끗케 하셨음을 떠올린다. 이 형벌 대속론이 모든 교회에서 전통적으로 가르쳐 온 진리다. 인간이 하나님의 말씀을 어겨 인류에 죄가 들어왔고 이후 하나님의 진노를 달래고 유화시킬 대속자가 필요한데 그분이 예수님이고 유일한 구원자셨다.

이 형벌 대속론은 죄의 심각성과 비참함을 알려 주고 죄가 얼마나 강력한지 우리에게 경고한다. 인간의 악한 상태와 영혼의 부패함을 알게 해준다. 그래서 그리스도를 찾을 수밖에 없고 주님의 구원을 기다릴 수밖에 없다. 필자는 이 이론이 최근 신학계와 페미니스트와 소수자 운동가에게 격렬히 비판받고 있다는 것을 알고 있다. 그들의 주장은 하나님은 우주적인 아동학대자라는 것이고 하나님의 근본적인 성품과 어긋난다는 것이다.

그러나 그들의 주장은 자기 신학을 반영한 것이지 성경적인 설득력은 조금도 느낄 수 없다. 이미 주님은 십자가에서 유기를 경험하셨고 성부 하나님도 같은 고통을 느끼셨다. 또한 주님은 비폭력으로 폭력을 이기신 분이다. 나는 개인적으로 신학계에서 이제는 효력이 떨어진 형벌 대속론이지만, 다시 한 번 교회가 숙고해야 할 주제라고 생각한다. 갈수록 자기부정과 자아의 죽음이 사라지는 교회에 우리의 죄가 어떻게 용서받았는지 생생하게 느끼며 예수가 가신 길을 알아야 한다.

그리고 그레고리 A. 보이드의 승리자 그리스도론이다. 이 관점은 인간의 죄 용서와 구원으로 협소하게 나타나고 때로는 자기 구원에만 함몰될 수 있는 십자가를 우주의 중심에 세우는 역할을 한다. 그동안 전통적인 교회는 십자가로 죄 용서를 받고 천국을 가게 되었다는 얕은 십자가와 복음을 가르쳐 왔다. 이런 십자가 신학이 성도에게 구원의 확신을 심어 주었어도 온전한 구원은 약하게 했고 성도의 신학과 삶을 이기적으로 만들기도 했다.

이 죄 용서의 십자가는 그 목적을 반만 제시했다. 그러나 이 승리자 모델은 십자가를 개인의 중심이 아닌 우주의 중심에 세운다. 인류의 타락 후 이 세상의 신과 임금인 사탄이 세상을 점령했는데 그리스도께서 십자가로 그들의 권세를 물리치셨다. 우리는 자기 구원을 넘어 우주의 회복을 위해 십자가를 높이 들어야 한다. 주님은 이 십자가로 마귀를 멸하셨고 당신의 나라를 성취해 가셨다.

이 승리자 모델이 우리에게 은혜와 도전이 된다. 성도가 이 땅에서 하나님 나라를 추구하며 선교적인 삶을 살도록 제시한다. 형벌 대속론은 십자가로 예수님의 사역을 제한하는 약점이 있지만 승리자 모델은 예수님의 사역과 공생애를 연결하는 장점이 있다. 그러나 한편으로 여전히 이 땅에는 상대적인 어둠의 세력이 잔존하는데 너무 쉽게 그 세력이 제거되었다고 가볍게 생각할 수 있다. 또한 이 세상을 하나님과 사탄의 나라가 충돌하는 것으로 해석한 것이 아쉽다.

브루스 R. 라이헨바흐는 치유론을 소개한다. 이 이론은 죄로 인해 인간과 피조세계가 전부 병들었다는 것이다. 그리하여 하나님과의 관계가 파괴되어 인간은 우상을 섬기고 하나님을 떠나고 불신하게 되었다. 또한 타인과의 관계에서도 시기와 질투와 경쟁이 난무하고 사회는 갈등과 모순과 불안이 증폭됐다. 자신을 너무 긍정하는 교만과 지나치게 비하하는 열등감이 생기고 가정에도 불화가 만연하고 이혼하는 일들이 흔해졌다.

이 이론으로 죄의 심각성과 죄로 인한 인류의 상태를 파악할 수 있다. 또한 망가진 인간과 세상을 치유하는 예수님의 사역을 깊이 경험할 수 있다. 더구나 요즘처럼 인간의 정신과 마음이 피폐하고 허기진 시대에 치유의 은혜는 더욱 요구된다. 아울러 성령님은 시대마다 자신의 역할에 예언과 십자가와 기적 등으로 집중하신다. 현대는 십자가를 통한 성령님의 치유와 고침과 회복의 사역이 더 확대되어야 한다.

마지막으로 조엘 B. 그린의 만화경론이다. 이 주장은 십자가의 주제는 하나로만 결정할 수 없다는 것이다. 십자가는 입체적이어서 승리와 치유와 형벌 대속과 제자도와 화해 등 다양한 면으로 볼 수 있다. 그동안 십자가의 의미가 한 가지로만 부각이 되고 십자가의 풍성함이 약해진 면이 있는데 십자가의 다양한 의미를 이해하고 받아들이는 융통성 있는 관점이다. 성경에 나오는 다양한 십자가를 찾아 다양한 안경을 가져보는 것도 유익해 보인다.

사탄의 체제를 헐라

필자는 '속죄의 본질 논쟁'을 보며 각 신학자의 주장이 정확하고 그 성경적 근거와 이유도 타당하게 읽혔다. 그들의 공격은 정곡을 찔렀고 그들의 방어는 견고해서 어느 하나 부족해 보이지 않았다. 성경 본문에 따라 그 십자가의 의미를 탄탄하고 풍성하게 전달한다. 필자는 그 가운데 두 가지를 전하고자 한다. 우선 십자가 형벌 대속론은 오늘날 번영신학과 소비의 신앙으로 복음을 판매하는 교회들에 꼭 필요한 주제다. 인간 본성의 악함과 죄의 비참함과 영혼의 부패함을 깨달아야 하고 그로부터의 구원을 외쳐야 한다.

이제 더는 형벌 대속론으로 신자의 마음에 무한한 평안과 위로와 만족을 주어서는 안 될 것이다. 만약 그 정도의 마취로 끝나는 주제라면 사탄이 주는 달콤함에 미혹당하는 것은 시간문제다. 또한 그런 은혜는 하나님 나라를 향한 예수님의 사역과 단절되는 약점이 있다. 예수님은 공생애 동안 하나님 나라 사역을 하셨다. 그 온전한 통치 사역은 십자가로 끊긴 것이 아니라 지속적으로 연결되고 있다.

그러므로 십자가가 대속에 머무는 것이 아니라 하나님의 치유와 통치를 가져오게 하는 기폭제가 되어야 한다. 사탄의 체제를 정복하고 죄로 굽은 것을 바르게 펴고 병든 것을 치유하는 혁명적인 사건이 일어나야 한다. 내 영혼의 평안만 비는 도구가 아니라 이웃과 사회의 평안을 이루어 가는 예언자적 도구가 되어야 한다. 그리하여 이 십자가는 어둠의 나라를 쫓아내고 평화의 나라를 오게 하는 깃발이 되는 것이다.

성전을 헐라

요한복음 2장에서 예수님은 유대인들에게 당시 부패한 권력의 집합체인 성전을 헐물라고 말씀하셨다. 이 말은 성전 된 자기를 향해 하신 말씀이다. 그리고 이 말은 꼬리표가 되어서 예수님이 십자가에서 죽기 전까지 주님을 조롱하는 말이 되었다. 당시 성전을 장사판으로 만들고 탐욕의 놀음판으로 만든 것은 종교 지도자와 권력가들이었다. 그 성전을 정화하고 새로운 예배당으로 바꾸려면 성전을 더럽힌 장본인들을 찾아 죄를 묻고 처벌하면 되었다.

그러나 예수님은 부패한 성전을 새롭게 하시려고 죄인을 끌어내는 대신 성전을 헐라고 하셨다. 요한은 이 성전은 바로 예수님의 십자가 죽음이라고 설명한다. 어두워진 세상을 밝히는 방법은 복수와 폭력과 전쟁이 아니었다. 세상 죄를 진 어린 양처럼 십자가에서의 죽음이 치유와 회복과 거룩의 방법이었다. 그리고 예수님은 타락한 성전을 새롭게 하시려고 친히 죽으신 지 3일 만에 부활하시고 승리하셨다.

사람들은 그리스도인이 먼저 희생해야 하고 손해를 봐야 한다는 말을 싫어한다. 그러한 방법은 가해자가 더 큰소리치고 약한 자는 더 피해만 보는 불의한 체제를 견고하게 할 것처럼 보인다. 그러나 우리는 십자가 앞에 설 때 나를 죽이라고 하신 말씀에 숙연해지고 우리가 걸어야 할 길이 비폭력의 길이고 죽음의 길임을 떠올리게 된다. 너무 어려운 길이지만 이 십자가만이 지금도 인류에게 평화와 사랑을 가져오는 유일한 길임을 고백하게 된다. 그래서 십자가다.

《십자가 처형》, 마르틴 헹엘 글, 이영욱 옮김, 감은사

#십자가이해　#거리낌과어리석음　#고대의십자가　#말씀의어리석음

역사적인 십자가

십자가의 신학적인 내용을 서술한다면 속죄의 의미를 부각할 수 있고 치유와 통치와 하나님 나라의 의미를 쓸 수 있을 것이다. 그러나 본서는 신학적인 내용보다 십자가가 무엇이었는지 역사의 기록과 흔적을 보여 주는 책이다. 신학적인 의미를 설득력 있게 전하는 데 기반이 되는 역사적 사실을 기록했다.

십자가 처형에 대한 보고를 읽으면 그 현장은 처절하고 소름 돋을

정도로 끔찍하다. 그 고통은 지옥의 공포 자체이고 그 수치는 차라리 죽음이 나을 정도다. 죄인을 바로 나무에 매달아 못을 박는 것이 아니다. 나무에 매달기 전 살이 뜯기고 뼈가 드러나도록 심한 매질을 한다. 다음은 자기가 매달릴 무거운 나무 형틀을 짊어지고 사형 현장까지 걸어가게 한다. 성경에 등장하는 구레네 사람 시몬은 예수의 지치고 불쌍한 몸을 대신해 십자가를 지고 올라간 인물이다.

이 책을 읽기 전에 내가 알던 십자가의 역사적 의미는 작은 조각에 불과했다. 저자는 십자가에 대해 고대의 소설과 신화와 법과 공적 문서 등을 통해 다양하게 설명한다. 로마 시대에 이 형벌은 고위직은 피할 수 있었고 반역자와 노예에게 해당하는 줄 알았는데 모든 계층에게 다양한 이유로 선고되었다. 가장 큰 고통과 모욕이면서 가장 큰 수치를 주기 위해 나무 위에 매달아 조류의 먹이가 되게 했다.

고대 세계에서 십자가 처형은 놀라우리만치 널리 시행되었고 가장 잔인한 지옥의 고통을 느끼게 하는 처형임에도 불구하고 지속적으로 확산되었다. 정치적이고 군사적인 목적을 위해서도 고위직은 물론이거니와 하층민에 이르기까지 모든 계층에게 시행되었다. 나라의 기강과 질서를 바로잡기 위해 범죄 억제와 예방을 위해서 시행되었고 백성들의 잔인함을 만족시키려고 베풀 듯이 처형하기도

했다. 마가복음 15장에 기록된 대로 빌라도가 예수를 십자가 처형에 넘긴 것은 무리의 피에 대한 욕구를 충족시켜 주기 위함이라는 견해도 타당해 보인다.

이런 흉악한 십자가 처형으로 예수님을 못 박아 죽였다. 예수님이 겟세마네 동산에서 이 십자가를 피하고 싶어 이 잔을 거두어 달라고 간구한 것은 단지 아버지와의 영적 단절이 괴로워서가 아니라 이토록 잔인하고 극악한 형벌이기에 감당하기 두려웠다고 볼 수 있다. 신이지만 인성을 지녔기에 너무 버겁고 공포스러웠다. 그 나무에 달려 당해야 하는 수치와 조롱과 멸시 또한 스스로 저주받은 자로 인정해야 하는 것이니 가혹한 현장이었다.

생명의 상징인 십자가

고대 세계에서 십자가는 처절하고 참혹한 저주를 상징하는데 기독교의 십자가는 어떻게 생명의 상징이 되었을까? 십자가 없이는 부활이 없고 십자가 없이는 영광이 없으며 십자가 없이 신령한 생활은 없기 때문이다. 우리는 십자가와 어떤 관계가 있을까? 예수님은 나를 따르려거든 자기 십자가를 지고 따라오라 하셨다. 이 말을 들은 사람은 모두 선뜻 나서지 못하고 심각하게 고민했을 것이다.

오늘날 우리는 십자가를 보며 죄가 얼마나 무서운지 알 수 있다. 성도는 그것을 처절하게 경험한 사람이다. 십자가를 알아야 구원을 알고 은혜를 알아 성도답게 살 수 있다. 십자가 앞에서 자신의 현존을 인식하고 깊이 회개하는 성도는 얼마나 되는지 질문해 본다. 성도는 십자가 앞에서 자신의 죄를 보고 회심한 사람이다. 우리에게 그런 경험이 있는지 점검해 보지 않을 수 없다. 그런 두려움이 없으니 하나님과 사람을 무시하며 교만하게 살고 있는 것이 아닐까.

십자가는 구경하는 물건이 아니다. 호기심으로 혹은 예쁜 액세서리로 달고 다니는 것도 아니다. 인류의 죄를 대속하고 많은 사람을 구원하기 위해 예수님이 수치와 조롱과 지옥의 고통을 감당하며 죽은 곳이다. 그 피 흘리심으로 우리는 깨끗해지고 하나님의 자녀가 될 수 있다. 십자가는 미련한 것이고 어리석은 것이고 모든 이가 가장 혐오하는 것이었다. 우리는 이 십자가의 은혜를 통해 놀라운 복을 받은 사람들이다. 사도들은 이 십자가를 두렵고 떨림으로 전파했고 그 복음 전도로 십자가는 생명의 상징이 되었다.

죽음의 경험으로 다시 살고 있는가

오늘 나는 십자가를 어떻게 알고 있고 나와는 무슨 관계가 있는가? 잔인한 십자가에서 우리의 구주 예수님이 죽으셨다. 오늘 나는 그 십자가를 방관하고 있는가, 울며 따라가고 있는가? 성도는 십자가에서 주님과 함께 죽은 사람이다. 그런데 그 죽음의 경험 없이 모두가 가짜로 살아가는 것 같다. 십자가 없는 신앙생활은 그저 그런 종교 생활이고 자기 자랑과 의만 드러날 뿐이다. 모든 저주를 짊어진 십자가, 오늘 나는 그 십자가와 무슨 상관이 있는가.

《예수님의 눈물》, 김정형, 복있는사람

#흔들리지않는신앙   #소중한통찰   #이야기그리스도론   #기쁨의잔치

주님을 사랑하는 마음

디자인이 예쁜 책은 구매욕을 높인다. 이 책 겉표지에 있는 눈물 자국은 독자로 하여금 자기 눈물 같은 착각을 일으킨다. 제목마저《예수님의 눈물》이다. 슬픔과 한숨과 고통 많은 이 세상에서 눈물 없이는 하루도 버틸 수 없을 것만 같다. 책에 떨어져 있는 눈물이 의미 있는 하루를 살도록 하시는 주님의 눈물을 떠올리게 한다. 책에 떨어져 있는 눈물이 아픈 삶 속으로 스며들어 용기를 주는 눈물 같아 뭉클함을 안긴다.

나는 솔직히 저자가 누구인지 몰랐다. 그의 책을 읽어 본 것이 전부이다. 책을 보며 예수님을 잘 알고 예수님을 사랑하며 예수와 같은 마음으로 사는 사람이라는 것을 느낄 수 있었다. 그의 학력과 전공, 섬기는 학교와 교회는 이 글을 쓰는 지금도 모른다. 이 얇고 감동적인 책을 한자리에 앉아서 읽었다. 책을 덮은 뒤 내 마음에 일어난 감동은, 이 책의 저자야말로 예수님을 따라가는 제자이자 주님을 사랑하는 사람이라는 것이다.

글은 그 사람이 누구인지 분명히 보여 준다. 물론 자신을 감출 수 있고 속일 수도 있다. 그러나 글을 통해 나타나는 저자의 인격은 완벽하게 감출 수 없을 것이다. 아무리 잘 감추는 사람이라도 장점이든 단점이든 그만의 고유함이 빈틈으로 드러난다. 저자는 예수님에 대해 진심으로 소개하고 있다. 그의 고백과 신앙이 진실하고 소박하게 느껴진다. 그의 믿음이 깨끗하고 겸손하게 다가왔다.

너희는 나를 누구라 하느냐

사람들은 예수님에 대해 말하라고 하면 자기가 만난 예수님을 말한다. 더구나 요즘은 강단에서 이런 간증과 설교가 자주 전달되니 회중으로서 괴리감과 박탈감도 느껴지고 불편한 마음도 크다. 강사가 전하는 예수에 대해 아무리 이해하는 마음으로 들어도 내가 아는 성경에서 만나는 예수와 다르고 이기적이고 편협한 신 같아 보인다. 예수님은 모든 사람과 이 세상을 위해 존재하는데 오직 자기만을 위해 존재하는 것 같은 느낌은 미신적이고 병든 신앙의 방증이다.

현대 교회에서 선포되는 예수님이 어떤 예수님인지 점검하게 된다. 강단에서 자기 중심의 예수만 증거한다면 이 또한 강단의 변질이고 교회의 수준이고 한계다. 저마다 자기가 만난 예수님에 대해 말할 수 있다. 자기가 생각하는 이상적인 예수님을 그려 낼 수도 있다. 그러나 1세기 모래바람 날리는 팔레스타인과 역사의 격변기에 살았던 예수님을 알고 그분의 말씀을 묵상하는 것은 전혀 다른 만남이다.

저자는 자신의 경험과 학문을 통해 예수님을 소개한다. 무엇보다 훌륭한 학자답게 예수님 당시의 역사 배경과 현실에서 이 땅에 하나님으로 오신 예수님을 설명한다. 어두워져 가는 이 땅에 인간과 빛으로 오신 것을 그려 간다. 사람마다 교회마다 신적인 능력을 원하고 세속적인 성공과 부를 안겨 주는 분을 원하지만, 예수님은 그것과 상관없이 평범하고 따뜻한 웃음과 눈물이 많으신 분이다.

예수님은 십자가 죽음을 앞두고 있을 때 제자들에게 너희는 나를 누구로 아느냐고 물으셨다. 우리도 예수님이 누구이신지 자신에게 물어봐야 한다. 한 영혼의 구원을 위해 오셨지만 세상의 눈물을 닦고 잘못된 권위와 구조를 바로잡으며 이 땅의 모든 굽은 것을 곧게 하신 분이다. 알라딘 램프와 요술 방망이가 아니라 평범하고 소박하며 일상을 소중히 여기시는 예수님, 인간으로의 탄생과 성장, 죽음에 이르기까지 모든 인간사를 경험하신 예수님을 떠올려 본다.

꿈을 주시는 예수님

예수님은 불의한 권력이 지배하는 비참한 세상에서 가난한 삶을 사셨다. 그리고 그런 현실에서 가난한 자에게 더 마음을 주셨고 긍휼히 여기셨다. 가난이 좋아서가 아니라 불공정하고 불공평한 사회에서 차별과 억압으로 생긴 가난이 사람을 절망과 공포로 몰아가기에 더 긍휼히 여겨 주신 것이다. 가진 것이 없으면 힘이 없어서 목소리를 내어도 들어주지 않으니 주님이 더 귀를 기울여 그들을 들어주신 것이다.

책을 보며 참 감동이 된 부분은 예수님이 우리에게 꿈을 주신다는 대목이었다. 나 역시 한때 근본주의 신앙인으로 살았다. 믿음은 우리의 모든 꿈과 계획과 소망을 앗아가고 자유 없이 수동적으로 살게 하는 것 같았다. 마리오네트 인형처럼 어떤 줄에 묶여 내 의지 없이 움직이는 것이 믿음이라고 여기기도 했다. 그러나 예수님은 결코 그런 분이 아니다. 우리를 인격적으로 대하시고 우리를 소중히 여기시는 분이다.

예수님은 꿈이 없는 인생에게 빛나는 꿈을 주시고, 소망 없는 자에게 새 소망을 심으시는 유일한 분이다. 주님은 사방이 막힌 상황에서도 하늘을 향해 기도하게 하시고 길을 여시고 인생을 풍성하게 하시는 분이다. 우리가 가진 꿈을 빼앗아 공장에서 생산하는 제품처럼 만드시는 분이 아니다. 우리가 가진 비전을 앗아가 붕어빵 기계에서 만들어 내는 똑같이 생긴 붕어빵이 되게 하시는 분도 아니다.

주님은 불의하고 불공정한 세상에서 꿈을 꾸게 하시고 가난한 삶에 소망을 주시는 분이다. 어둠이 깊어질수록 더 빛이 나는 인생이 되게 하시고 예수님 자신에게 더 뿌리내리도록 하시고 시냇가에 심은 나무가 되게 하신다. 주님은 꿈이 없는 자에게 꿈의 공급자, 꿈이 작아진 자에게 꿈의 소생자, 꿈이 가려진 자에게 꿈의 안내자가 되신다. 이 땅은 우는 사자처럼 돌아다니는 사망의 기운이 모든 것을 죽음으로 몰아가고 꿈도 포기하게 하고 인생을 절망으로 몰아가지만, 그런 현실에 꿈을 주시는 예수님은 유일한 소망이 되신다.

우리가 기억해야 할 것이 있다. 예수님이 주시는 꿈은 이기적이고 괴물이 되게 하는 꿈이 아니라는 것이다. 오천 명을 먹일 수 있는 빵을 홀로 독식하게 하는 꿈이 아니라 다섯 명만 먹을 수 있는 빵이라도 오천 명이 나눠 먹을 수 있게 하는 꿈을 주신다. 죽음을 생명으로 바꾸는 꿈이고 절망을 희망으로 바꾸는 꿈이며 불가능을 가능하게 하는 꿈이다. 주님이 주시는 꿈은 세상과 비교할 수 없는 생명이며 기쁨이고 더불어 살아가며 얻는 감사이다.

예수님의 눈물

나는 예수님에 관한 책에 관심이 많다. 성도는 예수님을 믿고 사랑하고 예수님처럼 자기 십자가를 지고 가는 사람이기에 그분을 더 알고 싶다. 베들레헴에서 태어나시고 나사렛에서 목수의 아들로 자라고 성장하셔서 하나님의 때가 되어 갈릴리를 중심으로 본격적으로 하나님의 일을 시작하신 예수님. 예수님은 하나님의 뜻을 이 땅에 이루고 사람들의 죄를 해결하고 구원하며 평화의 일을 위해 하나님의 길을 가셨다.

무엇보다 예수님은 인간의 모든 삶을 공감해 주셨다. 가장 높은 곳에 계신 하나님이 가장 낮은 곳에 사람의 몸을 입고 오셔서 지옥 같은 삶을 사는 자의 고통을 끌어안아 주셨다. 주님의 생애는 눈물의 생애다. 인간의 삶 곳곳에 그분의 눈물 자국이 스며 있다. 그분의 눈물 자국은 사랑의 흔적이고 회복의 실마리다. 이 작은 책 곳곳에 담긴 주님의 눈물을 발견하면 주님의 따뜻한 품을 느낄 수 있다. 우리 또한 그 눈물을 가지고 얼어붙은 세상을 녹이는 소망의 사람이 되길 기도한다.

《그리스도의 승천》, 패트릭 슈라이너 글, 마이클 F. 버드 엮음,
박장훈 옮김, 이레서원

#승천의신학해설　#교회를세우심　#선지자　#제사장

#삼위일체　#성육신　#놀라운은혜

성경에 적게 나오는 승천의 의미

교회에서 부활은 아주 은혜롭고 능력 있게 다루어지는 주제이다.
반면 승천에 대해서는 부활 옆에 살며시 끼워서 전하는 일이 대부
분이다. 부활의 가르침과 중요성에 비해 승천이 약하게 느껴졌다.
예수님의 성육신을 완성하고 십자가의 참된 의미를 드러내는 승천
이 왜 이렇게 미미하게 다루어졌을까? 아마도 성경에서 덜 이야기

하고 무엇보다 부활이 승천을 포함한다고 여기기 때문일 것이다.

복음서는 예수님의 예루살렘으로 향하는 길을 십자가 죽음으로 향하는 길이라고 설명한다. 그러나 고대 배경과 문화에서는 예루살렘으로 올라가는 그 지형과 발걸음이 하늘로 올라가는 길처럼 읽힌다. 첫 번째 아담은 하늘의 자리와 역할에서 실패해 내려왔지만, 두 번째 아담인 예수님은 첫 번째 아담이 실패한 자리를 회복하여 인류를 하나님께로 데려가는 승천을 이루셨다.

승천은 지상에서 예수님의 사역을 완성하고 보증하고 확대한다. 주님은 이 땅에서 선지자와 제사장과 왕의 사역을 능력 있게 펼치셨다. 승천은 이 사역들을 완성하고 더 확대하는 역할을 한다. 주님의 승천이 없었다면 십자가는 의미가 없다. 부활 또한 반쪽짜리였을 것이다. 십자가는 패배의 상징이고, 부활은 주님이 다시 살아나셨다는 정도였을 것이다.

삼중직 관련

이 책은 우리가 간과할 수 있는 승천이라는 주제를 성경적이고 조직신학적으로 잘 정리하고 있다. 예수님의 삼중직 사역이 승천을 통해 어떻게 완성되었는지 그 의미를 재조정해 준다. 각 장을 볼 때 성경을 더 깊이 이해하면서 승천으로 이루신 예수님의 사역 방향과 위치를 재확인하게 된다. 선지자로서 제사장으로 왕으로서의 예수의 모습은 승천을 통해 더욱 확장된다.

선지자로서 주님은 이 땅에서 성령의 능력으로 하나님의 뜻을 전하셨다. 그 몸이 하늘로 올라가신 후에는 보혜사이고 예수의 영이신 성령을 보내 주시어 그분의 사역이 세계로 퍼져가게 하셨다. 승천으로 선지자 사역이 종료되지 않고 여전히 지속되고 있다는 것을 증명하셨다. 승천을 통해 모든 교회 위에 거룩한 영을 부어 주셨고 예수님의 사역을 이어가게 하신 것이다.

주님은 지상에서 하늘로부터 제사장직을 위임받으셔서 치유와 기적의 사역을 이어가셨다. 승천을 통해 하늘에 취임하셔서 그 자격을 견고히 하여 치유와 중보와 축복의 사역을 계속 이어가신다. 누가복음에서 예수님은 승천 전에 자기 백성을 축복하시는데 이 장면은 제사장으로서 주님의 모습이다. 주님은 승천 후에도 여전히 우리의 유일한 중보자로서 교회를 위해 하늘에서 간구하고 계신다.

왕으로서 주님은 승천 후에 보좌 우편에 앉아 통치하신다. 주님의 다스리심이 땅으로 끝나지 않고 승천하신 후에는 모든 원수가 그 발아래에 굴복할 때까지 계속된다. 주님의 승천은 왕으로서 하늘 가장 높은 곳에 올라 어둠의 정복을 넘어 모든 존재 위에 좌정하신 것이다. 세상과 교회의 머리가 되셨고, 타락 때에 일어난 하늘과 땅의 분리가 승천을 통해 하나가 된다. 공중의 영역은 어둠의 세력이 장악한 것 같지만 그분이 좌정하셨다는 것은 이 영역 또한 그분의 손안에 있다는 뜻이다.

저자는 신학에서 승천의 위치를 성육신과 삼위일체, 부활과 종말론과 관련하여 잘 구분해 설명한다. 승천만을 강조하지 않고 승천의 제 위치를 찾아 주어 다른 교리들의 중요성도 드러낸다. 저자는 그동안의 과도한 불균형을 해결하며 조화를 시도한다. 승천만이 드러나서 다른 교리들이 과소평가 된다면 승천이 갖는 원래의 의미가 아닐 뿐더러 교리적으로도 맞지 않는다. 교리의 주제는 서로 분리되지만 연결되어 있기도 하다.

삼위일체와 관련해서 승천은, 성부 하나님의 의지가 없었다면 주님이 승천하실 수 없었을 것이다. 성부께서 아들을 들어 올리신 것이고 그 자리까지 마련하셨기에 승천하실 수 있었다. 또한 성자께서는 순종과 희생으로 아버지의 우편에 갈 수 있는 자격을 증명하셨다. 성부와 성자의 이름으로 파송된 성령께서도 성자의 승천을 통해 그 사역이 시작되고 성자의 부재를 우주적인 임재로 채우신다.

성육신과 관련해서 승천은, 성육신의 목적을 성취하고 완성한다. 주님은 하나님을 인류에게 모셔 오기 위해 내려오셨고, 인류를 하나님께 데려가기 위해 올라가셨다. 십자가와 관련해서 승천은, 십자가 사건의 의미와 진실을 확증하고 드러내 준다. 예수님의 죽음이 실패와 수치로 끝날 수 있었는데 승천은 십자가가 승리와 영광임을 보여 준다. 가장 비참한 죽음이 가장 영광스러운 죽음이 될 수 있는 것은 승천 때문이다.

부활과 승천에서는, 승천을 부활에 포함해서 보는 경우가 있다. 그러나 이 둘은 명확히 구분되고 각각의 중요한 의미가 있다. 주님은 부활 이후에 승천하여 새로운 장소에서 새로운 사역을 펼쳐가신다. 부활은 주님의 살아계심을 나타내고, 승천은 주님의 우주적 왕권과 온전한 통치를 확증한다. 부활은 예수님을 하나님이 사랑하시는 아들이고 메시아임을 증명했고, 승천은 주님이 주인이고 통치자이심을 드러냈다. 종말론과 관련해서는, 승천 후에 좌정하신 주님이 다시 오신다는 것을 기대하게 한다.

승천, 그 놀라운 은혜

승천은 예수님의 존재와 사역을 증명하고 증폭하며 확대한다. 놀라운 은혜다. 예수님은 예루살렘으로 가실 때 앞서서 가신다고 누가 복음은 포착하고 있다. 하나님의 구원과 경륜을 이루는 일에 뒤처지거나 머뭇거리지 않고 씩씩하게 발걸음을 내딛게 한다. 예루살렘으로 가는 길은 십자가를 넘어 하늘로 올라가는 길이었다. 주님은 예루살렘을 향해 오르셨고 십자가 위에 오르셨으며, 무덤에서 부활로 오르셨고 땅에서 하늘로 오르셨다.

예수님이 이 땅에 오신 것이 하나님 나라와 통치의 시작이다. 주님의 초림은 강력하고 위대한 사건이자 어둠을 몰아내는 선언이었다. 땅에서 펼치신 예수님의 사역은 오늘날 우리에게도 유효하게 적용되고 땅 위에 존재하는 교회는 그분의 몸으로서 그 뜻을 이어가야 한다. 주님은 지상에서 사역했으나 이제는 하늘에서 사역하신다. 승천이 주님의 사역의 전환과 절정을 가져왔듯이 승천의 은혜는 우리의 삶을 더 나은 방향으로 인도할 것이다.

한 편의 서평을 쓴다는 것은 재창조의 작업이다. 한 권의 책을 요약하는 것이 아니라 그 책을 재구성하는 예술이다. 이 재구성의 목적은 책을 평가하는 목적이 아니라 가치 있고 빛나게 하는 것이다. 내 서평의 목적은 독자로 하여금 책에 대한 호기심과 포만감을 충족하고 주제에 대한 이해와 통찰을 드리는 데 있다. 본 책은 그러한 서평들을 모아 놓았다. 하나의 '포이에마'가 된 것 같다.

내 서평은 부족하고 미흡하다. 그러나 부끄럽지 않은 것은 서평 한 편을 쓸 때마다 단면만 보지 않고 전체를 다 읽고 썼다는 것이다. 그것이 책에 대한 예의이고 서평을 쓸 수 있는 자격이라고 생각했다. 그리고 유익과 통찰의 자료가 되도록 탄탄하게 쓰기 위해 노력했다. 그렇게 달려오니 250여 편에 달했고, 그 결과로 나의 첫 책이 세상에 태어나게 되었다.

지식생태학자 유영만 교수는 《책 쓰기는 애쓰기다》라는 책을 썼다. 너무 공감하는 제목이다. 나 또한 "서평 쓰기는 애쓰기다"라고 말하고 싶다. 서평을 처음 쓰던 당시에는 책을 읽은 시간보다 더 긴 시간이 들었던 것 같다. 초창기에는 한 문장을 위해서 몇 시간을 고민에 고민을 거듭한 기억이 있다. 책을 또 열고 다시 열면서 반복해 읽은 챕터도 있다. 한 번을 쓰기 위해 재독에 재독을 거쳤다. 그러므로 서평 쓰기도 애쓰기가 맞다.

한 편의 서평은 그냥 나오지 않는다. 한 시간을 설교하려면 열 시간 이상을 준비해야 하듯이 하나의 서평이 나오려면 많은 시간을 준비하고 많은 내용의 퍼즐을 축적해야 한다. 치열하게 읽어야 가열하게 쓸 수 있다. 가슴에 새기며 읽어야 도화지에 흑색을 새길 수 있고 누군가의 가슴에 작은 메시지를 남길 수 있다. 나무가 뿌리를 깊게 내려야 줄기를 내고 꽃과 열매를 맺듯 책에 뿌리를 깊게 내려야 진액이 풍성히 담긴 서평을 맺을 수 있다.

서평은 정성과 사랑이다. 치열하게 읽고 고민하고 축적된 만큼 숙성되어 나오는 것이 서평이다. 생각지도 못한 생각의 지도를 그릴 수 있고 이전과 다르게 살 수 있고 더 나은 삶을 향해 나아갈 수 있다. 그런 면에서 서평은 나를 돌아보게 하고 삶을 비추는 거울이다. 책을 통해 깊어진 지식이 삶의 지혜로 영근 길을 연다. 이전과 다른 나, 더 나은 삶으로 나아가는 출입문이요 경계선이다.

지금까지 서평을 써오면서 감사하고 감격했던 일들이 있다. 여러 출판사가 나의 글쓰기를 보며 많은 힘을 얻는다고 격려해 주었고, '서평'이라는 장르가 대중화되도록 선구자 역할을 했다며 칭찬해 주었다. 예전에는 학회지나 학술지 등을 통해 책 소개 내용을 읽었는데, 이제는 독자들 누구나 관심과 정성으로 쓸 수 있다는 자극제가 되었다. 실제 나의 글쓰기 이후 많은 서평자가 등장했고, 건강한 독서 생태계가 형성되고 있다는 소식을 들었다.

서평을 쓰기 시작한 초창기에 번역자분이 내가 섬기는 교회로 직접 전화를 주셔서 감사하다는 인사를 건네셨다. 어떤 저자는 나의 서평을 보고 가슴이 터질 듯했다며 눈물이 글썽이는 목소리로 감사해하셔서 나 또한 감격했던 기억이 있다. 나의 서평을 읽는 독자분들이 좋은 길잡이가 되고 신앙과 삶에 유익했다는 격려도 주셨다. 어떤 분은 매번 서평을 기대하게 된다며 나의 사명에 힘을 보태 주셨다.

이 외에도 감사한 분들이 많다. 무엇보다 나의 글쓰기는 결혼 후에 시작하게 되었는데 살림과 육아를 도맡아 하는 아내에게 이 지면을 빌려 감사와 사랑의 인사를 전하고 싶다. "여보, 고맙고 사랑해!" 그때는 배고픔보다 뇌고픔을 채우는 것이 간절했기에 조금만 허기지면 이기적으로 변하는 나였다. 아내는 그런 나를 이해해 주었고 나의 읽기와 쓰기가 누군가의 삶을 도울 수 있다는 것을 헤아려 주었다. 그러고 보면 아내의 지혜가 나를 거듭나게 해준 셈이다.

이 서평 책이 독자들에게 읽기와 쓰기에 자극이 되면 좋겠다. 나 같은 사람도 이런 책의 저자가 될 수 있다면 독자들은 더 탁월한 저자가 될 수 있을 것이다. 나의 서평은 더 나은 자신과 내일이 되기 위한 흔적이다. 좋은 목사가 되고 싶은 몸부림이다. 하나님께 거룩하게 쓰임받기 위한 소원과 기도이다. 독자들도 읽는 것으로 멈추는 것이 아니라 쓰기를 바란다. 쓰면 쓰임받게 되고, 쓴 만큼 삶이 펼쳐지게 된다. 이것이 나의 간증이다. 새로운 쓰기가 새롭게 살기가 된다.

서평가의 읽기와 쓰기

1. 동기 : 허기의 고통을 느껴라

배고픔을 느끼는 것은 살아 있다는 증거입니다. 반대로 배고픔을 느낄 수 없으면 죽었거나 살고 싶지 않다는 신호입니다. 첫째가 갓난아기일 때 이마에 땀을 흘리며 젖을 빠는 모습을 보면서 감동을 받은 적이 있습니다. 그 허기를 채우기 위해 안간힘을 쓰는 모습이 그렇게 아름다워 보였습니다. 하루는 그 입에 제 손가락을 넣었는데 그 힘이 제 존재를 빨아들이는 것 같았습니다.

사역을 하면서 지적인 허기와 영적인 허기를 많이 느꼈습니다. 저의 독서는 배고픔을 느끼는 것에서 시작되었습니다. 배가 고프다 못해 배가 아파서 눈물을 흘렸습니다. 목사라는 명사가 있지만 그 앞에 붙여지는 형용사가 두려웠습니다. 명사가 중요한 게 아니라 형용사가 중요하다고 생각했습니다. 목사가 되는 것보다 목사 이후의 삶이 더 힘들었습니다.

사슴이 시냇물을 찾듯이 내 영혼이 주님을 찾는다는 시인의 고백처럼 나의 빈 마음을 무엇으로라도 채우고 싶었습니다. 저의 독서는 배고픔의 고통에서 치유를 얻기 위함이었습니다. 자신의 죄인됨을 아는 순간 하나님을 찾듯이 나의 허기를 알 때 지식을 찾을 수 있습니다. 나의 빈 곳을 깨달을 때 좋은 것들로 채울 수 있습니다.

세상은 내가 배고픈 존재라는 것을 모르게 만듭니다. 얼마나 세상이 빠르게 돌아가는지 존재에 대하여 영원에 대하여 거룩함에 대하여 생각할 시간을 주지 않습니다. 붕어빵 틀에만 들어가 있으면 안전하다는 착각을 하게 합니다. 세상의 물결에 몸을 담고 떠밀려 내려가면 잘살고 있다는 거짓 평안함을 줍니다.

우리 주변에 육체의 만족을 주고 감각과 쾌락을 자극하는 것들이 너무 많습니다. 이런 것들은 마취제 같아서 순간적인 갈증을 해소해 주지만 계속 마시면 죽는 바닷물처럼 인생을 병들게 합니다. 영혼의 허기는 물질적이고 속물적인 것으로 채워지지 않습니다. 영혼의 고통은 지적이고 영적이고 신령한 것으로 채워집니다.

어떤 목사님의 설교와 책을 열심히 읽었습니다. 스터디도 참여했습니다. 인문학에 대한 관심을 가지고 이를 채우는 안내도 받았습니다. 배가 고프면 음식을 먹듯 뇌가 고프니 지식을 찾았습니다. 말씀을 전하는 사람으로서 내 음식이 맛이 없고 젖이 말랐다고 탄식하기도 했습니다. 나만의 고통으로 끝나면 상관없지만 나의 궁핍과 핍절이 누군가에게도 흘러간다는 것이 더 괴로웠습니다. 그래서 하나님께 나의 젖을 풍성하게 하고 맛있는 음식을 제공하도록 다양한 식재료도 간구했습니다.

나의 허기의 고통이 다른 이의 허기의 고통으로 흘러간다는 위치는 나를 더 단련하고 훈련했습니다. 하나님은 나의 고통과 밑바닥을 보게 하십니다. 나의 빈 마음과 영혼을 알 때 독서는 시작됩니다. 나의 말라버린 잎사귀를 볼 때 열매 맺을 준비를 할 수 있습니다. 나의 메마름은 나를 살리는 시작입니다. 나의 배고픔의 고통은 나를 풍성케 하시려는 거룩한 신호입니다.

2. 읽기: 신성한 공간으로 만들어라

배고픔을 넘어 배 아픔을 느꼈을 때부터 배고프지 않고 아프지 않기 위해 책을 읽었습니다. 처음부터 무작정 많이 읽으려고 하지는 않았습니다. 이미 열심히 읽었지만 책을 덮은 후 아무 말도 하지 못하고 뇌에 새겨진 게 없는 경험이 있었기 때문입니다. 그래서 읽기를 하되 쓰기를 목적으로 반복해서 읽었습니다. 이런 실천으로 수 많은 책을 읽는 것보다 한 권을 반복해서 읽는 것이 더 유익하다는 것을 깨달았습니다.

어떤 것이든 반복하지 않으면 경지에 이를 수 없습니다. 독서 또 한 마찬가지입니다. 읽고 또 읽는 훈련이 아프지 않게 해줍니다. 읽 기가 되니 책을 읽게 되고 저자를 읽게 되고 읽고 있는 저 자신까지 읽게 되었습니다. 책은 글만 보는 게 아니었습니다. 사람을 보고 세 상을 보고 저를 보는 시간입니다. C. S. 루이스는 "독서란 자아를 죽 이는 자객을 만나는 것"이라고 했는데 저는 이 자객을 만날 때마다 두렵지 않고 오히려 반가웠습니다.

반복해서 책을 읽으니 습관적으로 읽는 삶이 되었습니다. 제임스 K. A. 스미스의 책 제목 《습관이 영성이다》처럼 그 사람의 습관이 그 사람의 진짜 모습입니다. 내가 무엇을 하고 무엇을 사랑하는지 가 나를 보여 주는 것들입니다. 밥을 열심히 먹어야겠다고 다짐하 지 않듯이 독서도 습관의 경지까지 가야 합니다. 언제부턴가 책을 항상 들고 다녔습니다. 그리고 지금은 덜하지만 한때는 자리에 앉 을 때마다 펴서 한 자라도 읽었습니다.

좋은 습관이 하루를 만들고 인생을 윤택하게 합니다. 독서의 습관은 친구를 사귀고 원수와도 화해하게 하며 갈등이 있어도 더 좋은 길을 선택하게 해줍니다. 밥을 먹듯이 읽어야 하고 양치질하듯이 읽어야 합니다. 신대원에 다닐 때 한 번에 약 80만 원 정도의 책을 산 적이 있습니다. 김희보 교수의 절판된 책은 간절히 기도하고 얻었습니다. 좋은 습관이 생활 양식과 신앙에 도움이 되었습니다.

읽기에서 제가 더 강조하고 싶은 것은 거룩한 공간을 찾으라는 것입니다. 신혼 때부터 지금까지 쓰고 있는 식탁 겸 책상이 제 읽기와 쓰기의 공간입니다. 새벽이든 밤늦은 시간이든 저는 이 시간을 사모하고 소중하게 여깁니다. 여기서 읽을 때 하나님을 이해하고 세상을 넓게 보고 나를 더 살피게 되었습니다. 이 식탁에는 저의 팔꿈치가 있습니다. 이 팔꿈치 자국은 사도 바울이 말한 예수의 흔적처럼, 저에게는 가장 아름다운 흔적입니다.

이런 신성한 공간을 꼭 만들어야 합니다. 그래야 읽기가 될 수 있습니다. 이런 구별된 공간에서 훈련되면 카페에서도 읽을 수 있고 여행을 가서도 읽을 수 있습니다. 시간이 나야 읽을 수 있는 게 아닙니다. 반복해서 읽고 습관적으로 읽고, 신성한 공간을 지닌 자가 자투리 시간에도 읽을 수 있습니다. '나중에 읽겠다', '시간 나면 하겠다'고 생각하면 할 수 없습니다. 가장 읽기 좋은 시간은 '지금 당장'입니다.

제가 책을 읽고 쓰는 시간은 새벽과 늦은 밤 그리고 자투리 시간입니다. 이 시간에 집중하는 건 어렵습니다. 그러나 사명이라고 생각하면 집중할 수 있고 의외로 많은 것을 생산할 수 있습니다. 그 사람의 진심은 '자투리 시간'을 어떻게 쓰느냐를 통해 알 수 있습니다. 기도에 고픈 사람은 그 시간에 기도합니다. 운동에 고픈 사람은 그 시간에 운동합니다. 읽기에 고픈 사람은 그 시간에 읽습니다. 이런 읽기가 저를 살렸고 앞으로도 저를 유지해 줄 것입니다.

3. 쓰기 : 쓰면 쓸 수 있다

제가 서평을 쓰면서 제일 많이 들은 말은 서평을 어떻게 쓰는가에 대한 질문입니다. 실제 시중에도 글쓰기와 서평에 관한 책이 있습니다. 저도 저의 경험과 노하우를 챕터별로 구성해서 쓸 수 있을 것 같습니다. 제가 서평에 대해서 강조하고 싶은 것은 치열하게 읽은 사람이 쓸 수 있다는 것입니다. 건성으로 읽으면 건성으로 쓰지만, 마음 다해 읽으면 마음 다해 쓸 수 있습니다. 책을 다 읽고 또 읽고 썼습니다. 제 서평은 대부분 재독하여 쓴 것입니다. 요즘은 경험이 쌓이면서 서론만 보고도 쓸 수 있는 경지에 올랐지만, 양심상 그렇게 서평을 쓰지는 않습니다.

치열하게 읽으면 치열하게 쓸 수 있습니다. 말하기는 실수가 생기고 쉽게 휘발되지만, 쓰기는 실수를 줄이고 오래도록 남길 수 있습니다. 글을 쓰려면 글감이 있어야 작성할 수 있는데 서평의 큰 장점은 글감을 많이 얻을 수 있다는 것입니다. 흰 도화지에 생각 없이 써 내려가면 글자일 뿐입니다. 그러나 흰 도화지에 구조와 목적을 가지고 써 내려가면 작품이 됩니다. 마치 건축을 하는 것과 같습니다. 밥을 짓는 것과도 같습니다.

서평은 정독하고 반복하여 읽은 후에야 쓸 수 있습니다. 처음부터 쉽게 쓸 수는 없습니다. 서평은 읽고 소화한 자에게만 주어지는 특권입니다. 저는 초창기에는 단어 하나에도 수없이 고민했습니다. 첫 문장을 시작하려고 이틀을 고민한 적도 있었습니다. 그러나 이러한 시간이 헛되지 않았습니다. 쓰기 위해 고민하고 떠올리는 과정은 숙성되는 시간이었고 더 좋은 글이 나오기 위한 해산의 과정이었습니다.

글의 구조를 처음부터 잡고 쓸 수 있습니다. 그리고 쓰면서 구조를 잡아가는 때도 있습니다. 저는 두 가지를 모두 활용합니다. 읽으면서 노트를 작성하지는 않습니다. 바로 책에다 형광펜을 칠하고 메모를 하고 테이프를 붙입니다. 저만의 요약과 생각과 감정과 의견을 적습니다. 그러면 서평을 쓸 때 유익한 재료가 됩니다.

서평은 책 한 권을 제대로 이해하고 소화하여 남기는 재창조의 작업입니다. 그 책을 더욱 가치 있고 빛나게 하는 집중적인 조명입니다. 서평을 쓰면 남게 되고 그렇게 살고자 애쓰게 됩니다. 책에는 그 사회의 이슈와 문제와 고민과 해답이 담겨 있는데 읽으면서 내 생각을 정리할 수 있습니다. 그리고 쓰면서 나의 것으로 만들 수 있습니다. 그래서 독서의 완성은 서평입니다.

쓰기의 종류는 많습니다. 일기를 쓰며 내면을 치유하고 반성할 수 있고, 편지를 쓰며 관계를 견고하게 하고 소통할 수 있습니다. 에세이를 쓰며 생각을 키우고 상상력을 펼칠 수 있습니다. 기행문을 쓰며 여행의 기록과 감정을 담을 수 있습니다. 시를 쓰며 고도로 압축된 언어의 폭발력을 경험할 수 있습니다. 그중에서 서평 쓰기는 자신을 발견하고 이웃을 섬기며 사회를 유익하게 할 수 있습니다.

쓰기는 어렵지 않습니다. 쓰다 보면 써집니다. 좋은 글은 내 생각을 언어로 표현하면서 나옵니다. 일단 써 보십시오. 사고의 흐름을 따라 써 보고 중요한 순간을 기억하여 써 보고 감동으로 기억되는 추억을 떠올려 써 보십시오. 읽은 책의 좋았던 점과 아쉬웠던 점을 써 보십시오. 쓰다 보면 이해되고 정리되고 명확해집니다. 일단 펜을 들고 쓰면 펜이 나를 쓰는 것을 경험할 수 있습니다. 제게도 펜이 나를 써주던 경험이 많습니다.

독서를 하고 서평을 쓰는 이유는 여러 가지가 있습니다. 지적인 욕구를 채우기 위해 할 수도 있고, 똑똑한 사람이 되고 싶어서 할 수도 있습니다. 경쟁에서 남보다 앞서기 위해 할 수 있고 잘난 척을 위해 할 수도 있습니다. 배우는 학생이라면 지적인 만족과 성장을 위해, 교사라면 수업을 위해 할 수 있습니다. 저마다의 직분과 위치에 따라 읽고 쓰는 이유가 있습니다.

저는 목사이기에 읽고 쓰는 행위가 평생의 의무입니다. 목사는 평생 공부하는 자가 되어야 합니다. 손에서 책을 떼는 것은 직무 유기이고 펜을 놓는 것은 즉흥적으로 살겠다는 게으름입니다. 그래서 직무에 최선을 다하고 성실하기 위해 자신을 채찍질합니다. 본성과 성격상 공부와 책을 좋아하지 않아도 직분에 맞게 살려고 하다 보니 책과 친숙하게 되고 글쓰기에 익숙하게 됩니다.

독서를 하면서 좋은 점은 다른 사람을 만나고 다른 세계를 경험하는 것입니다. 《책은 도끼다》라는 제목처럼 내 생각을 깨고 부수고 내면을 흔드는 경험을 하게 됩니다. 내가 옳고 최고라고 생각한 것이 얼마나 무식하고 어리석은 것인지 산산조각이 납니다. 두꺼운 얼음판이 깨지듯 내 생각의 판이 깨지는 경험은 나를 새롭게 해줍니다. 독서의 묘미는 바로 깨어짐입니다.

이런 깨어짐이 있을 때 세상을 보는 눈이 열리고 사람을 보는 시선이 따뜻해집니다. 스스로 고립되지 않고 열려 있는 자세와 태도를 지녀 성장하는 삶을 살게 됩니다. 독서하지 않으면 독처하게 되고 독서하면 독처를 벗어납니다. 자신의 울타리를 넘고 사회의 경계를 넘나들고 우주까지 도달합니다. 독서의 지평이 넓어질수록 나의 지경이 확장됩니다. 독서는 새로운 세계를 만나는 통로이고 나를 우주로 인도하는 안내자입니다.

쓰기 또한 삶을 풍성하게 이끕니다. 읽은 만큼 쓸 수 있고 쓴 만큼 살 수 있습니다. 쓰다 보면 정리하고 이해하며 실천합니다. 어쩌면 읽기와 쓰기는 살기를 위한 밑거름입니다. 성경에 밑줄을 그어야 하지만 우리 삶에도 밑줄을 그어야 합니다. 성경에는 주석이 있지만 우리 삶이 주석이 되어야 합니다. 쓰기는 나를 더 좋은 사람이 되게 하고 더 나은 삶을 살도록 인도합니다.

읽고 쓰다 보면 읽고 쓴 대로 살아갑니다. 우리의 읽고 쓰기는 경쟁이 아니고 누구를 짓밟고 이기기 위한 싸움도 아닙니다. 어제보다 더 나은 존재가 되어 이웃을 사랑하고 사회를 이롭게 하기 위한 것입니다. 쓰기는 살기입니다. 사는 만큼 쓰지만 쓰는 만큼 사는 것이니 서로 긴밀하게 연결되어 있습니다. 일기를 쓰면 반성하고 편지를 쓰면 따뜻해지고 시를 쓰면 깊어집니다. 쓰는 사람은 다른 사람이 되고 다른 삶을 살아갑니다.

시간이 생길 때 독서하는 것이 아닙니다. 시간을 내서 독서하는 것입니다. 시간을 내서 쓰는 일을 해야 합니다. 그래야 도약하고 비상하고 성숙한 삶을 살 수 있습니다. 읽고 쓰는 것은 더 지경을 넓히고 따뜻한 사람이 되는 방법입니다. 어제보다 나은 존재와 더 나은 삶을 위한 것입니다. 읽기는 나에게 말을 걸고 쓰기는 내가 반응하게 하며 살기로 응답합니다.

5. 후기 : 길잡이가 되다

서평을 쓰면서 여러 번 감동적인 순간이 있었습니다. 저의 부족한 것을 채우기 위해서 시작한 것이지만 누군가의 부족함을 채우는 일이 되었습니다. 좋은 책을 고르기 위해서 저의 글을 읽는 분도 있었습니다. 스터디를 위해서 읽는 분도 있었습니다. 서평에 감동을 받은 분도 있었고 아픔이 치유되었다는 분도 있었습니다. 이런 고백들이 서평가로 계속 쓰게 하는 큰 힘이 되었습니다.

서평이라서 나의 만족과 자료로 끝나는 줄 알았는데 타인의 만족과 자료도 되었습니다. 나의 글로만 끝나도 소중한 재산인데 타인에게도 울림과 도움이 되니 더 의미 있는 재산이 되었습니다. 한 편의 서평이 묻히지 않고 여러 후기가 이어졌습니다. 서평이 멈추지 않고 계속해서 흘러간다는 것이 신기했습니다. 서평이 나를 살렸고 너를 살리고 공동체를 살린다는 것이 기적처럼 느껴졌습니다.

서평은 단순히 책을 위한 길잡이만이 아니었습니다. 누군가의 인생에 길잡이며 등대도 되었습니다. 나의 모든 것을 녹여서 쓴 하나의 글이 누군가에게 병원이 되고 군대가 되고 관제탑이 되었다는 것이 신기하고 감사했습니다. 책에 대한 글이 타인과 공동체를 위해 쓰임받는 글이 되었습니다. 글을 쓰는 것은 도화지를 채우는 것만이 아니었습니다. 나의 인생을 쓰는 것이고 누군가 자신의 인생을 써가도록 돕는 것입니다.

한 가지 더 비유를 하자면 독서는 약수터입니다. 약수터에 가면 누구나 바가지로 물을 떠먹을 수 있습니다. 독자들은 이 바가지로 물을 마음껏 마십니다. 반면에 서평은 주전자입니다. 누군가 컵에 따라 주어야만 물을 마십니다. 서평은 바로 손에 컵을 든 사람에게 물을 안전하게 따라 주는 겁니다. 맛있고 시원하게 물을 마실 수 있도록 도와주는 역할입니다.

서평을 쓰면서 이 고된 작업이 누군가에게 꼭 필요한 일이라는 것을 알게 되면서 나의 사명처럼 여겼습니다. 바다에는 등대가 배들의 항로를 비춰 주고 안전을 지켜 주듯이 한 편의 서평은 사람들의 인생 항로를 비춰 주고 안전을 지켜 줄 수 있습니다. 너무 과하게 표현한다는 분도 계실 것 같습니다. 그러나 제가 경험한 후기들은 이 정도로는 부족한 표현입니다.

서평은 또 다른 후기를 남깁니다. 서평이 끝나지 않고 계속해서 쓰기를 이어가게 합니다. 여행할 때 가이드가 꼭 필요하듯 서평은 인생 여행에 길잡이가 됩니다. 어떤 문제에 대해 어떻게 생각하고 실천해야 하는지에 대한 선생님이 되고 또 다른 후기를 남깁니다. 내 인생의 길잡이면서 여러 인생을 의미 있게 안내하는 서평가로 여러분을 초대합니다.

추천 도서

🖋 교회에 관하여

《일그러진 한국 교회의 얼굴》, IVP, 박영돈

《교회란 무엇인가》, 복있는사람, 한병수

《유배된 교회》, 새물결플러스, 릭 비치, 김광남 역

《교회다운 교회》, 다함, 신호섭

《교회를 사랑합니다》, 좋은씨앗, 조영민

《코로나19 이후 시대와 한국 교회의 과제》, 새물결플러스, 이도영

《주님이 꿈꾸신 그 교회》, 산, 박성규

《교회와 그리스도의 남은 고난》, 생명의말씀사, 김남준

《교회와 하나님의 사랑》, 익투스, 김남준

🖋 제자도에 관하여

《나를 따르라》, 복있는사람, 디트리히 본회퍼, 김순현 역

《요한계시록: 약자를 위한 예배와 저항의 책》, 새물결플러스, 이병학

《영적전쟁》, 이레서원, 클린턴 아놀드, 길성남 역

《증인으로의 부르심》, 새물결플러스, 대럴 L. 구더, 허성식 역

《코즈모폴리터니즘과 종교》, 새물결플러스, 강남순

《정치적 제자도》, 새물결플러스, 빈센트 바코트, 성석환 역

《젊은 목사에게 보내는 편지》, 복있는사람, 유진 피터슨, 에릭 피터슨, 홍종락 역

《참 신앙과 거짓 신앙》, 생명의말씀사, 김형익

《성화 이미와 아직의 은혜》, 좋은씨앗, 손재익

설교에 관하여

《좌절된 설교의 치유》, 좋은씨앗, 크리스토퍼 애쉬, 김태형 역

《이규현 목사의 설교론》, 두란노, 이규현

《설교란 무엇인가》, 홍성사, 정용섭

《설교자의 인생》, 다함, 임종구

《설교자의 일주일》, 복있는사람, 김영봉

《엑설런트 프리칭》, 이레서원, 크레이그 G. 바솔로뮤, 김광남 역

《설교에 관하여》, 복있는사람, 조엘 비키, 송동민 역

《존 스토트의 설교》, IVP, 존 스토트, 그레그 샤프, 박지우 역

《들리는 설교》, 이른비, 장주희

《설교자의 요리문답》, 복있는사람, 루이스 앨런, 정상윤 역

《헤르만 바빙크의 설교론》, 다함, 제임스 에글린턴, 신호섭 역

《설교자는 불꽃처럼 타올라야 한다》, 생명의말씀사, 김남준

《설교와 설교자》, 복있는사람, 마틴 로이드 존스, 정근두 역

하나님 나라에 관하여

《하나님 나라의 비밀》, 새물결플러스, 스캇 맥나이트, 김광남 역

《예수와 하나님나라》, 새물결플러스, 김균진

《대천덕 신부의 하나님 나라》, CUP, 대천덕

《새 하늘과 새 땅》, 새물결플러스, 리처드 미들턴, 이용중 역

《로마서와 하나님 나라》, 새물결플러스, 안용성

《WORKS(구속사)》, 부흥과개혁사, 조나단 에드워즈, 김귀택 역

《예수와 땅의 신학》, 새물결플러스, 게리 버지, 이선숙 역

《마침내 드러난 하나님 나라》, 도서출판학영, 폴라 구더, 이학영 역

《아브라함 카이퍼의 영역주권》, 다함, 아브라함 카이퍼, 박태현 역

시대와 사명에 관하여

《역사와 그늘에 서서》, 감은사, 카를 바르트 외, 진규선 역

《종교 중독과 기독교 파시즘》, 새물결플러스, 박성철

《하나님의 아픔의 신학》, 새물결플러스, 기타모리 가조, 이원재 역

《강요된 청빈》, 이레서원, 정재영

《루터의 재발견》, 복있는사람, 최주훈

《현대를 위한 성령론》, 새물결플러스, 크레이그 S. 키너, 이용중 역

《불확실한 시대, 우직을 말하다》, 좋은씨앗, 신호섭

《루터 혼돈의 숲에서 길을 찾다》, 익투스, 김용주

《4차 산업혁명과 그리스도인의 삶》, CLC, 이윤석

《세계 복음주의 지형도》, 복있는사람, 이재근

《예언과 분별》, 새물결플러스, 월터 모벌리, 박규태 역

예수의 십자가에 관하여

《속죄의 본질》, 새물결플러스, 그레고리 A. 보이드 외, 김광남 역

《십자가 처형》, 감은사, 마르틴 헹엘, 이영욱 역

《예수님의 눈물》, 복있는사람, 김정형

《예수와 이스라엘의 하나님》, 새물결플러스, 리처드 보컴, 이형일·안영미 역

《아들을 경배함》, 이레서원, 래리 허타도, 송동민 역

《예수, 바울, 복음》, 새물결플러스, 제임스 D. G. 던, 이상목 역

《예수님이라면 어떻게 하실까?》, 선한청지기, 찰스 쉘던, 손현선 역

《예수》, 도서출판학영, 헬렌 K. 본드, 이학영 역

《그리스도의 승천》, 이레서원, 패트릭 슈라이너, 박장훈 역

《십자가와 보좌 사이: 요한계시록》, 이레서원, 매튜 에머슨, 김광남 역